AF269823

CONFÍA
Todo es posible

Diseño de portada: Editorial Sirio, S.A.
Maquetación de interior: Toñi F. Castellón

© de la edición original
Suzanne Powell 2021

© de la presente edición
EDITORIAL SIRIO, S.A.
C/ Rosa de los Vientos, 64
Pol. Ind. El Viso
29006-Málaga
España

www.editorialsirio.com
sirio@editorialsirio.com

I.S.B.N.: 978-84-18531-26-2
Depósito Legal: MA-423-2021

Impreso en Imagraf Impresores, S. A.
c/ Nabucco, 14 D - Pol. Alameda
29006 - Málaga

Impreso en España

Puedes seguirnos en Facebook, Twitter, YouTube e Instagram.

El papel utilizado para la impresión de este libro está **libre de cloro** elemental (ECF) y su procedencia está certificada por una entidad independiente, no gubernamental, que promueve la sostenibilidad de los bosques. 

SUZANNE POWELL

CONFÍA
Todo es posible

EDITORIAL SIRIO

Dedico este libro a mi queridísima amiga del alma, Patricia Zapico.

Cuando una persona se entrega en cuerpo y alma y no te pide nada a cambio, es un tesoro. Gracias por hacer que todo sea fácil y fluido y por apoyarme en este camino con tanto cariño y total comprensión. Sigue siendo ese gran tesoro que tú eres para todos los que tenemos la gran fortuna de conocerte en esta experiencia de vida.

Hermana cósmica más allá del tiempo y del espacio.

Índice

Prólogo (por Joanna Powell) 11

Introducción 13

    Un visitante en mi ventana 14

    Feliz cumpleaños, Crisfis 19

    Pequeños milagros del zen (por Cristina Benés - Crisfis) 22

El reset 25

    El efecto reset 26

    El señor de los ojos 33

    Viaje de ida y vuelta a Marte 34

    Reconexión 36

    El espolón borrado 38

    El reset de mi despertar (por Edu de Tena) 39

    El fin del círculo (por David de Calle) 44

    Amar lo que es (por Teresa Calderón) 47

    El Universo da y toma (por Lee – Miami) 61

Los cursos 67

    Curso en la plaza de toros de Granada 69

    Curso zen en Vigo con mil seiscientos participantes 71

    El mejor regalo recibido (por Dulce Cuevas) 74

    Equívocos muy acertados (por Emilio Mendoza) 79

    Volando con Suzanne Powell (por Mónica Varea) 85

Emergencias 87

    Emergencia a bordo 88

    Mi primer toque de emergencia 90

    Volando con terroristas 92

    Toque zen en Ikea (por alumna zen – Madrid) 95

El toque mágico 101
   El dos por uno.. 102
   La fila equivocada 103
   Un bebé tocado por la magia (por Emilia Ruiz).................... 104
   Embarazo sobre ruedas (por Patricia Barreda) 108
Cosas que pasan 111
   Por los pelos.. 112
   Intento de asesinato en México 114
   Un libro mágico 119
   Abrazos multidimensionales... 122
   El señor de la foto.. 125
   El Uber artista 127
   Hermanas cósmicas (por Manoli Navarro) 129
   Mil risas compartidas (por Patricia Pentecoste).................... 131
Siempre con humor 137
   Unas rubias muy famosas... 139
   Mi estreno como traductora zen.. 143
   Palabras prohibidas.. 145
   Los berberechos de Sevilla 148
   Jamón con humor... 151
   Alumnos *asépticos*.. 153
Familia terrenal y cósmica 157
   Nadie es profeta en su tierra 159
   Carmina, mi madre española.. 169
   Por qué adoro a los pingüinos... 175
   Llamadas del más allá... 184
   Conversaciones con Neale Donald Walsch........................... 186
   Ecoencuentros mágicos (por Eva Garavilla) 191
   Un encuentro inesperado (por Marisel Aguirre) 195
   La energía de mi hermana (por Karen Byrne-Powell)........... 197
   Hacer el bien para el mundo (por Colum Powell) 200
   Un trocito de cielo (por Patricia Zapico) 202
Conclusión 211
Agradecimientos... 215
¿Dónde encontrarme? 217

Prólogo

(por Joanna Powell)

Así es mi madre, a quien he conocido en esta visita a la Tierra. Como guía, siempre ha estado ahí para criarme desde la observación, dejándome aprender de mis propios errores y aportándome lo necesario para rectificar. Es positiva, convierte negativo en positivo gracias al *cancelar*,[*] una herramienta que me entregaron allí arriba.

Muchas veces me he enfadado por sentir incomprensión, porque no estaba preparada para entender ciertas lecciones que se aprenden con el paso del tiempo, y lecciones que da la vida misma. Pero ella me ha enseñado la mayor paleta de colores que he podido contemplar, inculcándome el amor incondicional, la voluntad de ayudar a personas desconocidas sin esperar nada a cambio… dando tanto.

Es un Ser que me ha fascinado desde que llegué a la Tierra, y el legado que me ha dejado es el más grande, su ejemplo. Su actitud de equilibrio ante todo, la fuerza que ha ido trabajando cada día, cuidar a los demás. La luz que ha despertado en tantos corazones perdidos me parece admirable.

---

[*] Ver testimonio de Teresa Calderón, donde se explica cómo funciona la herramienta.

Es un Ser que se define a ella misma como «pueblerina irlandesa» y con eso lo dice todo acerca de la humildad. No se cree ni más ni menos que nadie, siempre ofrece ayuda de forma incondicional. ¡Es tan importante ofrecer nuestra ayuda a otros y olvidarnos del dichoso ego que persigue a la humanidad! Al fin y al cabo, formamos parte de un colectivo.

El verdadero maestro es el que escucha y vive en un constante aprendizaje, y ella dejó que el conocimiento la encontrase, dejándose guiar por su corazón, por tanta información, y creando así su verdad. Por eso, deja que aprenda por mí misma con las herramientas que me ha dado. Creo que nunca le he dicho esto, simplemente porque al crecer con ella no me he dado cuenta de que es un Ser tan diferente y siempre la he visto como una más. Sin embargo, ahora entiendo y valoro todo lo que me ha enseñado con su ejemplo.

Gracias, mamá, me has enseñado tantas cosas en tan poco tiempo… diecinueve años. Suena a mucho, pero se me ha pasado volando. Siempre cuidaste de mí desde el amor más bonito que puede recibir una hija. Gracias a ti me siento comprendida en este planeta tan grande. Gracias por escucharme, por quererme, por enseñarme, por ser tan buen ejemplo, para mí y para tantas personas.

Has hecho un gran trabajo y siento que *daddy* estaría muy orgulloso de ti, tanto como lo estoy yo, porque conociste tu misión en la Tierra y tomaste el camino correcto con valentía.

Te quiero mucho, mucho, mucho.

Introducción

Hace tiempo que me ronda la idea de escribir un libro de anécdotas y testimonios. A lo largo de estos años he acumulado un sinfín de experiencias alucinantes, las cuales he ido compartiendo en mis cursos zen, conferencias, redes sociales, o simplemente en encuentros informales con amigos y compañeros del camino. Me han insistido tantas veces en que las plasmase sobre el papel para seguir inspirando a otros y mostrar la manera de manifestar los deseos o realizar los sueños.

Al mismo tiempo, viendo el año complicado que hemos vivido a nivel colectivo, y habiendo escrito *Vivir en paz, morir en paz*, para aportar un poco de sosiego para el alma, he pensado: «¿Por qué no ofrecer un suspiro para la mente y alegrar el corazón con una serie de cuentos reales? ¿Por qué no compartir también algunos testimonios de personas que han dejado huella en mi vida con sus experiencias, que pueden tocar a otros tan hondo como a mí?».

Así decidí recopilar esos recuerdos maravillosos. En tono ameno y coloquial los he dictado para ser transcritos, tal cual, por mi querida amiga Patricia Zapico. Incluyo experiencias vividas en mi ámbito personal, en los cursos zen que imparto, en los viajes..., y también muchas risas, sorpresas, causalidades alucinantes, la magia del Universo, el sentido de la vida, encuentros de almas, toques mágicos y mucho más.

Este libro no pretende ser solamente un compendio de historias mías y testimonios de otros, sino un manual de vida. Ahora toca saber conducirla de forma consciente y ver los resultados manifestarse. Con la práctica, esto nos va a llevar como individuos y como colectivo a crear el mundo que deseamos vivir. La fórmula: imagina, cree que es posible, actúa, sé constante y sin expectativas. Si tus sueños no te dan un poco de miedo es que no son lo suficientemente grandes.

Atrévete a soñar a lo grande.

Si yo puedo, tú puedes. Solo hazlo.

UN VISITANTE EN MI VENTANA

Tuve una mascota durante el inicio del confinamiento. Apareció un día, sin más, en la repisa de la ventana de mi habitación. Por las mañanas, cuando me despertaba, mi hija todavía estaba profundamente dormida. Tranquilamente, sin prisas, solía incorporarme para hacer mi primera meditación del día y dejaba la persiana levantada para ver entrar la luz del sol, esos primeros rayos del amanecer.

Un día empecé a fijarme en que llegaba una urraca, pero no simplemente aparecía en la repisa, sino que se acercaba a la ventana y picaba en el cristal, llamando mi atención. Si hubiera pasado solamente una vez, lo entendería como una casualidad, pero comenzó a pasar a diario. El sentido de las visitas cobró más fuerza cuando estas eran hasta tres o cuatro veces al día. Llegó un momento en que, automáticamente, la esperaba. Me ponía con la conciencia de meditar, como siempre, con los ojos cerrados, hasta que sentía el toc-toc en el cristal. Así comenzaron mis conversaciones con la urraca. Había quien me decía que tuviera cuidado, pues a las urracas les gusta entrar en las casas, atraídas por el brillo de los metales, y son conocidas por sustraer joyas, pero a mí me hacía gracia y deseaba su regreso.

Le cogí un cariño enorme a aquella urraca y el 1 de abril comencé a hacer publicaciones sobre ella en mi cuenta de Instagram (@suzannepowell222). Quería ponerle un nombre, así que les pregunté a mis seguidores, a ver si ellos me sugerían alguna idea, pero nada de lo que me dijeron me convencía del todo. Al final, la bauticé con el nombre de *Pepper* (que es 'pimienta', en inglés), tras un golpe de inspiración. Curiosamente, cuando esa misma tarde Joanna llegó a casa, yo le pregunté cómo llamaría a la urraca. Se quedó pensando y dijo con total espontaneidad: «Pepper, le pega mucho». Yo me quedé a cuadros, no me lo podía creer. Le expliqué como justo aquella mañana la había bautizado con ese nombre, pero no lo había publicado en Instagram. A partir de entonces, la urraca respondía al nombre de Pepper. Y siguió la magia.

Días más tarde, estaba limpiando las jardineras de la ventana de mi habitación. Vi que había un papelito incrustado entre una de ellas y la pared, así que metí la mano para cogerlo y ver qué era. Para mi sorpresa, ilusión y asombro, me di cuenta de que era un sobrecito de pimienta negra, muy viejo y gastado, que venía ni más ni menos de Nueva York. ¡Qué extraño! Yo en mi vida me he llevado un sobrecito de pimienta negra de Nueva York, así que fue como una megaconfirmación de que este bello ser que me venía a visitar por las mañanas era alguien muy especial. Empecé a investigar un poquito sobre ellas y encontré que tienen un profundo significado espiritual: simbolizan dejar ir lo viejo y abrazar lo nuevo. Nos recuerdan que el mundo material no nutrirá nuestro camino espiritual. En otras palabras, el significado de urraca indica que solo cuando sigamos nuestro verdadero llamado en la vida siendo todo lo que podemos ser, seremos capaces de encontrar la realización y la satisfacción que anhelamos. Su aparición indica un momento en el que debemos reevaluar nuestras prioridades antes de seguir avanzando.

Recuerdo especialmente leer algo que me llamó la atención: «Es importante mantener una mente abierta, permitiendo que la magia de este pájaro te guíe. Cuando sigas su guía en asuntos de tu espíritu y de tu verdadero potencial, encontrarás tu paz».

Obviamente, para mí Pepper era un mensajero. Todos los días que venía yo lo saludaba, subía sus videos a Instagram, mis seguidores se entretenían, todos le empezamos a tener cariño y lo esperábamos con ilusión. Así pasó todo el mes de abril y una parte de mayo, con sus visitas continuas, e incluso el día 12 de abril me presentó a su pareja: una mañana estaban los dos posando juntos, *Salt & Pepper*, el nombre no podía ser otro, sal y pimienta, donde va una va la otra. Ya en la tercera semana de mayo comenzamos a echarlo de menos, sus visitas eran muy esporádicas desde principios de mes, nos preguntábamos dónde estaba por qué no aparecía. Me puse triste porque lo extrañaba mucho.

En pleno apogeo de las visitas de Pepper, había decidido escribir un libro que luego se tituló *Vivir en paz, morir en paz*, que comencé el 23 de abril. La urraca formaba parte de mi inspiración por las mañanas, me acompañaba mientras grababa los audios. Estaba muy acostumbrada a tenerlo a diario en mi ventana y de repente desapareció más de una semana. Hasta que un día, precisamente cuando estaba revisando el libro con mi amiga Patricia, sentadas en mi sofá trabajando juntas en ese proyecto, oímos un ruidito que repiqueteaba sobre el parqué del salón. Nos giramos para ver de dónde provenía y nos quedamos patidifusas: ¡en el suelo estaba Pepper! Pasó por delante del sofá, a nuestra derecha, y mientras lo observábamos casi paralizadas por la sorpresa se subió de un salto a la mesa de trabajo y se posó sobre una caja de pinturas de Joanna, mirando un dibujo que ella había estado pintando el día antes. Nos quedamos boquiabiertas, con el móvil en mano para poder grabar esa escena.

Finalmente, capturé ese momento y apareció Joanna por el pasillo gritando: «Una urraca acaba de pasar por el pasillo». Las dos le hicimos gestos de que se calmase y quedase en silencio, señalándole a Pepper sobre la mesa. Logré grabar parte de su paso por la casa, en un video muy simpático, que terminó siendo muy popular en mi página (repasándolo mientras escribo estas líneas, veo que lleva casi catorce mil visualizaciones). Fue maravilloso ver a Pepper en nuestro hogar. De hecho, lo habíamos comentado: «Algún día, va a entrar». Al rato saltó de la mesa al suelo y yo me levanté para seguir sus pasos; se dirigió a la cocina, de ahí al lavadero, y se quedó mirando a la ventana. La abrí y salió volando por ella, para siempre.

Fue su última visita, justo el día que terminé el libro, y me quedé llena de gratitud por la magia del tiempo compartido. Tuve más claro que nunca que fue un mensajero, que me acompañó en la cuarentena cuando todos estábamos tan confusos. Lo sentí como un ángel que venía de visita para consolarme y decir: «Todo está bien, estamos contigo». Solo puedo dar las gracias por ese regalo, aún me da brincos el corazón recordando sus visitas y nuestras conversaciones, nuestra historia mágica.

FELIZ CUMPLEAÑOS, CRISFIS

Escribo estas líneas el domingo, 22 de noviembre de 2020, y pienso en la importancia de los números, de su significado, de las señales que nos dan. Además, curiosamente, observando el calendario he visto algo que no había tenido en cuenta: quedan justo cuarenta días para que se termine este famoso 2020... Reaparece el número '40', al igual que en mi anterior libro, *Vivir en paz, morir en paz*, pues lo empecé el día cuarenta de esa cuarentena del inicio del confinamiento, ¡qué curiosa causalidad!

O no.

El '22' en general es mi número favorito desde que era bien pequeñita. El cuatro, dos más dos. Mi correo es subaby22@gmail.com. Los dos patitos... Siempre, siempre me ha gustado, pero precisamente hoy hace cinco años que conocí de una forma muy especial a una persona, una amiga que se llama Cristina, cuyo cumpleaños se celebra justamente hoy, el 22 del 11. Estábamos impartiendo un curso zen en Madrid y yo estaba a pocos días de someterme a una operación de cadera, ya que la intervención que me habían realizado un año antes no había tenido mucho éxito con los tres tornillos y me estaba causando problemas.

Había tomado la iniciativa de embarcarme en una nueva aventura en mi vida, que era ponerme una prótesis de cadera. Recuerdo que lo había anunciado en clase, que me habían programado esa operación y que justo encajaba el curso zen antes de tomar esa decisión. Y se me había olvidado por completo, pero en la meditación de esa mañana había recibido un mensaje en el que me decían que preguntase en el curso por un fisioterapeuta zen, a ver si alguien me podía ayudar en todo el proceso postoperatorio de la prótesis. Cuando doy una clase, me meto profundamente en el tema, conecto y no tengo otra cosa en la cabeza, por lo que se me pasó por completo, me olvidé y se acabó la clase. La sorpresa vino cuando estando todavía sobre el escenario. De entre bambalinas salió una mujer joven, sonriente, que se acercó tímidamente diciendo que la perdonase porque no me quería molestar. Me dijo: «Como has comentado que te vas a operar, quería que supieras que yo soy fisioterapeuta y que me ofrezco como voluntaria para ayudarte con sesiones de fisio en tu casa, si tú quieres, todas las veces que haga falta».

En ese momento sonreí de oreja a oreja y le respondí: «Ay, Dios mío, es verdad, ¡me había olvidado por completo! Los de arriba esta mañana me recordaron que tenía que pedir ayuda a este nivel y apareces tú de la nada; ¡qué mágico y maravilloso!». Por supuesto le dije que aceptaba su ofrecimiento, y le pregunté dónde vivía, para poder organizarnos. Cuando me dijo que vivía a escasos dos kilómetros de mi casa, no daba crédito. «El Universo te ha enviado». Con eso nos sorprendimos las dos porque ella tampoco sabía dónde vivía yo.

Como ya se había terminado la clase, la invité a comer con mi equipo, pues nos gusta estar relajados charlando animadamente después de los cursos, haciendo una larga sobremesa. Cristina me dijo que no podía quedarse porque ya tenía planes para esa tarde con otra gente, puesto que era el día de su cumpleaños. Le digo: «Guau, encima» y me comentó que además es un día que le gusta mucho, el 22/11, porque son números que le encantan, así que le conté lo especial que es el veintidós para mí y pensé que todo era mágico.

Cristina después de la operación venía aquí a mi casa muy frecuentemente, tal y como se comprometió. Me daba masajes, se preocupó mucho por mí, me ayudó un montón. La verdad es que gracias a ella pude tener una recuperación muy rápida y fácil, independientemente de lo que me hacían en la unidad de fisioterapia en el mismo hospital. Me brindó toda su ayuda y experiencia, y como además era alumna zen, tuvimos una conexión más que especial y nos convertimos en amigas. Justo hoy es su cumpleaños. Todo eso pasó hace cinco años, así que quiero darle la sorpresa de que cuando ella lea el libro tenga esta mención y esta anécdota; que el mundo sepa que existen ángeles, que existen personas mágicas que realmente hacen las cosas desde el corazón. Ella dio lo mejor de sí misma: lo que mejor sabía hacer era ponerme las manos y ayudarme a volver a caminar de forma simétrica y hacer una deambulación correcta y sin miedo.

¡Tengo tanto que agradecerle! Esta es una mención especial para ella. Sé que muchas cosas han cambiado en su vida desde entonces; es una mujer muy, muy consciente, muy feliz, conectada. Lo da todo con amor. Ha trabajado mucho en residencias de ancianos haciendo sus prácticas de zen, ayudándolos, y finalmente el Universo le ha regalado un nuevo puesto de trabajo en el cual está plenamente feliz. Su camino con los ancianos ya terminó porque sintió que había cumplido lo que tenía que cumplir con ellos. Le doy las gracias por todo lo aportado y este será mi regalo de cumpleaños para Crisfis, que así la llamamos; *Cris la fisio*. A continuación, su testimonio, que me ofreció para incluir en este libro.

PEQUEÑOS MILAGROS DEL ZEN
(por Cristina Benés - Crisfis)

Soy fisioterapeuta, alumna zen, y amiga de Suzanne desde hace cinco años. Mis ojos y mis manos han sido testigos directos del poder del toque zen, lo que en mi profesión te hace pasar de la incredulidad al asombro. Tener la capacidad de usar mis manos para transmitir esa energía es para mí un regalo concedido generosamente por el Universo, y algo que utilizo siempre que puedo para ayudar a quienes lo necesitan. De una de esas personas cuya vida cambió gracias al toque zen, me gustaría compartir una bonita historia.

Conocí a María hace tres años, en la residencia de ancianos en la que trabajaba. Tenía ochenta y tres años cuando llegó a vivir allí, venía en silla de ruedas. Debido a su patología pulmonar, necesitaba oxígeno y apenas podía ponerse en pie, estaba muy débil. Cuando lograba levantarse tenía mucho dolor, aunque a veces no nos quedaba más remedio que incorporarla para cambiarle el pañal o arreglarle la cama. La animé a que bajara a hacer gimnasia. Muchos de los abuelos, aunque estuvieran en silla, venían a hacer gimnasia conmigo ya que la pueden hacer sentados. María era la típica señora mayor muy entrañable, te entraban siempre muchas ganas de achucharla. Me contó que tenía problemas en la columna y que sufría de patologías de origen desconocido en su espalda, que le impedían caminar. La valoré para ver qué le pasaba, porque le dolían tanto la pierna como la espalda.

Decidí hacerle el toque zen, además de la fisioterapia habitual. Creo que no fueron más que un par de días. María empezó a mejorar de una forma extraordinaria, hasta el punto de que se lanzó a caminar. Ella me decía, muy contenta: «Ay, pero qué manos tienes». Y yo, aunque por lógica sabía que la fisioterapia y los masajes hacen mucho, pensaba que no eran suficientes si no hacías además ejercicio, te movías mucho y asistías a diario a sesiones individuales de terapia y gimnasia. Sin embargo, y contra todo pronóstico, ahí estaba María, moviéndose mejor poco a poco, logrando ponerse de pie. En poco tiempo empezó a caminar con un andador al que enganchaba su oxígeno. Recuerdo que esas Navidades me regaló una caja de polvorones, mirándome con una cara de sentida gratitud, como diciendo: «No sé qué me has hecho, pero gracias a ti he podido volver a caminar».

Al cabo de un año, María desarrolló un cáncer. Llegué a pensar que lo que le impedía caminar en primera instancia era un cáncer de huesos en la zona de la espalda. Luego falleció, pero al menos el último año de su vida pudo volver a caminar, tuvo esa alegría gracias al toque zen. Todavía conservo en casa aquella caja de polvorones, era una lata muy bonita y, al verla, pienso en María. Era una mujer tan entrañable que sigo recordándola con muchísimo cariño.

Nota de Suzanne: Crisfis se ofreció a incluir dentro de su testimonio la historia de cómo nos conocimos, pero a la hora de hacerlo ella desconocía que el libro contiene esa misma historia. Hasta que no tenga el libro publicado en sus manos, no lo sabrá. Es su tardío regalo de cumpleaños del 22 del 11 de 2020.

El reset

El *reset* es una práctica que usamos como herramienta del curso zen con cien por cien de capacidad, para hacer que la persona quede liberada de vibraciones que no son compatibles con su cuerpo físico y mental, aportando equilibrio, paz y salud. Los resets tardan cinco minutos en realizarse, pero el efecto puede durar una vida entera. Cuando la raíz de una enfermedad son los bloqueos multidimensionales, el reset es la perfecta solución para reiniciar la vida sin los bloqueos y trabas que antes impedían avanzar.

A continuación, el relato de unos resets que no dejan a nadie indiferente. Inspiran esperanza, ternura y alguna que otra sonrisa. Que nunca falte el humor en la vida, no importa cuánto drama nos rodee. Amor con humor, junto con una buena dosis de respeto y paciencia, sanan el cuerpo, pero la humildad es la receta clave para el alma.

La vida misma enseña: ser humildes nos hace grandes, el humor nos hace agradables y el amor nos hace adorables. ¿Quién no necesita un reset en su vida cuando todo se estanca? Cuando menos te lo esperas, el Universo llama a tu puerta y aparece la solución, como si fuera por arte de magia.

EL EFECTO RESET

Adiós diabetes

Hace ya muchos años, en Barcelona, vino a verme un chico porque tenía terribles problemas con su diabetes y caía en coma cada dos por tres. Se llamaba Iván y, al hacerle el chequeo, me di cuenta enseguida de que tenía una tremenda infección multidimensional y que tenía algo que ver con alguien de la familia. Era su abuela; lo supe porque, para mi sorpresa, se me presentó y la estaba viendo como puedo ver a cualquiera a mi lado. Se puso a hablarme y me dijo que el problema de su nieto no era de él, sino suyo. Me contó que había fallecido ya de viejecita, pero en coma diabético, aunque los médicos y la familia pensaron que había muerto durmiendo sin más.

Esto es lo que le provocaba a Iván sus comas diabéticos. Yo le pregunté a la abuela qué quería que hiciese. Me dio instrucciones claras: «Yo me voy a ir con tu reset, así que es muy importante que le digas que como me voy a llevar el problema conmigo, él tiene que hablar con su médico para que le quite la insulina que se está pinchando». Claro, era muy importante. Yo no estaba segura de cómo convencerlo ni de qué decirle, pero la abuela me echó un cable: «Dile que tiene una foto mía en su cartera, y así te creerá».

Cuando terminé con el chequeo, le dije al chico que sacase la cartera. Lo primero que me dijo fue: «Pero ¿esto no era gratis?». Sacó su billetera, la piel muy lisa y brillante de tantos años como tenía. Dentro había muchos papeles viejos. Le pedí que pusiera todo encima de la mesa excepto el dinero y que buscase la foto que tenía de su abuela. Iván se empeñaba en que no tenía ninguna foto de ella, pero yo insistí. Él no lo recordaba, pero llevaba el carné de identidad de su abuela en la cartera, y se sorprendió al verlo. Me preguntó cómo lo sabía, y yo pensando en cómo explicarle.

Finalmente le dije: «Tu abuela está aquí contigo. Me ha comentado que se va a marchar y que tienes que ir a ver a tu médico en el hospital porque la diabetes se va a resolver. Me dice que, por favor, la obedezcas y para demostrarte que es ella me ha chivado lo de la foto». Añadí que la abuela le iba a dar un abrazo y, mientras tanto, yo veía toda la escena. No es que esto sea lo normal, pero en este caso era necesario. Tras el reset se quedó muy feliz, se le caían las lágrimas. Le pedí que al salir de allí fuese inmediatamente al hospital.

Así lo hizo. Resulta que su doctora también era irlandesa. Le hizo el chequeo, todas las pruebas, y finalmente fue un caso clínico declarado como remisión completa en el hospital. Nunca más tuvo problemas y le quitaron toda la medicación. Espectacular. Le rompió todos los esquemas a la doctora.

Me quiero ir

En otra ocasión, hace unos veinte años, acudió a verme una mujer a mi casa, junto con su hija ya adulta. Le puse las manos para hacerle el reset y ella empezó a hablarme con voz de hombre y gritó: «Me quiero ir y no me dejan». Me asusté, la verdad. La hija estaba sentada en mi sofá, mirando a su madre, y yo solo pensaba en actuar con naturalidad (mientras le pedía ayuda a mi maestro mentalmente). Cuando terminé, la mujer me miró y me preguntó: «Ha venido, ¿verdad?». Asentí y le pregunté quién era ese señor. «Mi marido», me respondió.

Indagué las razones por las que él pedía irse, pero parecía que no le dejasen. Ella me explicó que le había prometido esparcir sus cenizas en las montañas de Montserrat. Le pregunté dónde estaban esas cenizas. «Encima de una repisa en la chimenea», del salón de su casa, me explicó. Le indiqué que debía cumplir con su promesa, para que él pudiera irse. De hecho, él le había dado una fecha explícita, alguna celebración importante en Cataluña, un día muy significativo, y se había comprometido a marcharse entonces. Ella quedó en hacerlo así y luego en volver a verme.

En esa segunda visita, comprobé que él ya no estaba. Se había ido cuando ella cumplió la promesa. Una promesa son palabras sagradas y si no la cumples es karma para ti. Si le haces una promesa a un difunto, no se irá hasta que la cumplas, así que es mejor no tener promesas incumplidas con una persona fallecida. Si no haces lo que has prometido hacer, ellos quedan retenidos aquí.

Trabajo con los no nacidos

Los adultos difuntos no son los únicos que se pueden quedar atrapados en este plano. A través de la enseñanza ayudamos a muchas mujeres que han realizado abortos a que se liberen del peso que ese karma trae a su vida. Conocí a una mujer que había tenido dos abortos; había buscado ayuda con otras personas porque notaba ese bloqueo, y le habían recomendado hacer rituales que yo desconocía y que, según ella, la habían ayudado a liberar a sus hijos. Sin embargo, al recibirla para ver cómo estaba, y tras hacerle el reset, yo notaba que todavía le quedaba karma pendiente y sabía que era porque no se habían ido todavía. Por mucho que le hacía resets, seguía percibiendo a esos hijos que seguían aferrados.

Le expliqué lo que ocurría. Esta mujer tenía un cáncer bastante avanzado y le aconsejé hacer el trabajo de la manera que yo le decía, y que se olvidara de ese ritual anterior que había hecho ella porque claramente no había funcionado. Tenía pendiente una intervención quirúrgica. Durante esta operación, murió en el quirófano. Sin embargo, consiguieron resucitarla y regresó. Poco después, vino a la consulta y me contó lo que había visto durante esa experiencia: salió de su cuerpo y estaba viendo todo lo que ocurría en aquel momento; de repente, se fue por un túnel y se encontró con sus dos hijos abortados, que estaban atrapados en el túnel con ella. Se dio cuenta de que, efectivamente, esos hijos no se habían ido a donde tenían que estar. Al ser reanimada se sintió succionada hacia el cuerpo y tuvo clara la pregunta que iba a plantearme en cuanto me viese: «¿Cuál es el trabajo que tengo que hacer?». Lo hizo y recuperó su salud. Tuvo la oportunidad de volver y resolver el karma pendiente que tenía con esos hijos no nacidos. Fue muy bonito, a pesar de que tuviese que pasar por la muerte y volver para darse cuenta.

A toda velocidad

Durante estos años que llevo viviendo en Madrid, he hecho periódicamente resets colectivos en distintos locales. En los días en que se programan, se suelen acercar también pacientes con necesidades especiales, por ejemplo, con cáncer. Normalmente, los atiendo y les pongo las manos para que se vayan más tranquilos.

Un día, cuando terminé los resets colectivos había una larga cola de gente esperando en la calle bajo la lluvia y a mí me daba mucho apuro que estuvieran allí mojándose, así que intentaba ir lo más deprisa posible atendiendo a todos. Me llegó una fila de mujeres con cáncer y recuerdo a una que vino y me señaló cuatro puntos en su torso y me pidió por favor que la tocase. Yo lo hice de una manera muy rápida, consciente de la cantidad de gente que había en la cola. Le dije: «Vale, ya está». Se quedó un poco extrañada de que la hubiese despachado tan rápido, pero como no sabía nada de la duración del toque zen (que puede ir de un segundo a cinco minutos) ni de los toques locales, se fue tan tranquila.

No os lo vais a creer, pero me vino un mes más tarde y me contó que el médico le había realizado un TAC y le había preguntado qué había hecho. Los cuatro tumores habían desaparecido, aunque le señaló otro en el costado y le dijo: «Solo te queda este». En ese momento se dio cuenta de que no se había acordado de decírmelo a mí aquel día. «Ay, que me olvidé», le respondió al médico que, evidentemente, se quedaría perplejo. Ni corta ni perezosa, volvió a verme, claro. Me dijo: «Mira, tócame este otro tumor, pero hazlo como la otra vez, ¿vale? Tiene que ser superrápido, no te entretengas». Yo estaba muy sorprendida porque yo misma había tenido un punto de duda sobre la efectividad de un toque zen tan rápido. Nunca más supe de aquella señora, así que supongo que todo le iría bien, o hubiera vuelto a verme.

Una muy buena lección, cuanta menos mente le pongas a tu trabajo, mejor. Hay que hacer las cosas con sencillez, con naturalidad, y con mucha humildad. Es la clave.

Una vista impresionante

Hace unos años me invitaron a dar una charla en el Auditorio Nacional de México, ante una audiencia de diez mil personas. Durante el vuelo rumbo a Ciudad de México, charlé con algunas azafatas de la tripulación y finalmente las invité a venir. La sobrecargo me comentó que precisamente ellas se alojaban en un hotel justo frente al Auditorio, y que si me apetecía podía pasarme por allí a que me ayudasen a arreglarme el pelo antes de la conferencia. Acepté con sorpresa y alegría esa propuesta.

Subimos a la habitación y menuda vista, tenían razón, era impresionante. Justo teníamos el Auditorio Nacional en frente de nosotras. Sin embargo, no se veía del todo bien puesto que las ventanas estaban sucias. La foto soñada parecía no ser posible así que procedí a darles un reset a las azafatas en gratitud por el bonito planchado de pelo y por su simpatía.

El Universo, sin embargo, tenía una sorpresa preparada. Estaba terminando el reset a mi peluquera por un día y, justo en ese momento, vi cómo se descolgaba un hombre que limpiaba precisamente nuestra ventana. Les hice un gesto a las demás chicas para que no dijesen nada y que pudiéramos ver la cara de sorpresa de Myriam al abrir sus ojos. Su expresión fue un poema. Gritos de alegría y asombro. No sé si el pobre señor era consciente de lo que estábamos viviendo, pero jamás olvidaremos la magia de la sincronía de ese día. Sacamos mil fotos de la escena y con el auditorio de fondo. El señor limpiador de cristales al final fue el protagonista. El Universo nos da lo que pedimos, manifestación inmediata.

EL SEÑOR DE LOS OJOS

En una ocasión recibí en mi consulta de Barcelona a un señor de unos setenta años, con voz profunda y marcado acento catalán. Nada más entrar por la puerta me di cuenta de que uno de sus ojos me miraba y el otro me buscaba. Venía precisamente a consultarme sobre ese problema puesto que le habían programado una operación y tenía cierta reticencia a pasar por quirófano.

Le hice el chequeo para ver cómo estaba su sistema nervioso y si tenía algún bloqueo. En ese momento me di cuenta de que la patología de sus ojos no era suya sino de su padre fallecido, así que le pregunté: «¿Su padre tenía el mismo problema?». Me respondió que sí, pero que ya llevaba muerto unos cuantos años. Sin comentarle nada, le hice un reset porque sabía que así se solucionaría y le comenté que tenía toda la confianza en que en cuatro días aquello se resolvería, y lo invité a que volviera a visitarme en un mes.

Cuando hubo transcurrido ese tiempo, regresó a mi consulta. Nada más verlo, me percaté de que sus dos ojos apuntaban a la misma dirección, claramente estaba bien. Le pregunté si finalmente había decidido operarse. Me dijo que no, que había cancelado la operación porque mi reset le había hecho el efecto deseado. Sin embargo, añadió: «Quiero presentar una queja; usted me dijo que esto se arreglaba en cuatro días y he tardado dos semanas en estar bien, dos semanas». ¡Hay que ver! Venía sano y con los ojos perfectos, y aun así se quejaba. Sentía curiosidad por saber lo que le había dicho el otro doctor al verlo recuperado, así que le pregunté sobre esto, a lo que me respondió: «Qué va, no fui a ver al doctor, cancelé todo por teléfono, porque si no me cobraba ochenta euros por la consulta».

VIAJE DE IDA Y VUELTA A MARTE

Este es el caso de un niño de unos ocho o diez años que vino a verme a la consulta con su madre. Cuando llegaron le pregunté a la madre qué le pasaba, por qué venían a verme. Lo único que me contestó fue: «Habla con él». Así que le comenté al chico:

—Bueno, veo que has venido con tu madre.

Para mí sorpresa, me contestó:

—No, ella no es mi madre; mi madre está en Marte, esta no es.

La madre me hacía señas de que lo escuchara. Yo seguía con la conversación y le explicaba que esa mujer que estaba allí sentada con él era su madre, puesto que lo había traído a este mundo, pero el niño insistía en que no lo era.

—Háblame de tu familia, entonces —se me ocurrió pedirle.

Empezó a hablar sin parar del planeta Marte, de su familia de allí, de sus hermanos en ese planeta. Pensé qué podría hacer yo en un caso así y tuve una inspiración, para la que pedí posteriormente confirmación (sabiendo que eso era lo que querían que yo hiciese para ayudarlos).

—Te voy a permitir que te vayas a Marte; voy a cuidar tu cuerpo físico aquí y vas a ver a tu familia ahí. Luego tienes que volver y continuar la vida que has venido a hacer aquí, ¿de acuerdo?

—Claro que sí —me contestó enseguida.

Cuando salimos de nuestro cuerpo y volamos, el tiempo ya no es como aquí. Esos cinco minutos que yo estaba haciéndole un reset, guardando su cuerpo para que no pudieran infectarlo otras vibraciones, él salió con su cuerpo mental. Al terminar el reset, lo toqué en el hombro y le dije que podía volver. El tiempo, fuera de su cuerpo, fue el resto de la vida planificada con su madre de Marte. Él pudo vivir lo que tenía que vivir y terminar ese ciclo, para luego reconocer a su madre de la Tierra a la vuelta. Cuando regresó me preguntó si quería que me dibujase cómo era él en Marte, a lo que respondí animándolo. Dibujó un cuerpo muy cuadrado, casi como un robot, pero entre sus piernas dibujó un triángulo cuyo vértice llegaba hasta las rodillas. ¡Qué horrible hacer el amor en Marte!, pensé yo. En el traje que llevaba, había una placa con su nombre marciano justo en la zona del pecho. Lástima no haber guardado ese dibujo.

Al terminar la sesión le dio un abrazo a su madre terrenal, agradeciéndole la oportunidad. Fue muy emocionante. Cosas así pueden pasar y, aunque te dejan perplejo, estaba claro que yo tenía que ayudarlo a reajustar esa realidad paralela para poder encajar bien en esta vida. Salieron de la consulta abrazados y yo me quedé un buen rato asimilando la nueva experiencia. Desde luego, en esta vida no me aburro.

RECONEXIÓN

Una pareja ya de cierta edad acudió un día a mi consulta junto con su hijo de unos ocho años, que estaba diagnosticado como autista. Había pronunciado apenas unas pocas palabras en toda su vida, vivía totalmente en su mundo. Según creían los padres, iba a ser imposible ponerle las manos. Sin embargo, contándole historias de mi hija, se fue relajando e interesándose por mi discurso, divertido y cercano. Le pregunté qué era lo que sabía hacer mejor que nadie en este mundo; él me miraba como si yo estuviese loca. Empecé a hablarle también de mi hija y sus historias, dirigiéndome a él todo el tiempo como si fuera un adulto.

Poco a poco, veía en su mirada que iba cambiando de opinión sobre mí, y hasta empezaba a caerle simpática. No invadía su espacio ni su intimidad, lo respetaba. Los padres también se iban relajando, mientras el tiempo pasaba. El niño comenzó a mirarme a los ojos, momento que aproveché para soltarle: «Yo soy maga, tengo poderes; seguro que tú también, yo quiero ver la magia que tú tienes en tu cuerpo, ¿me dejas?». En ese momento, se dejó tomar la muñeca para que yo pudiera ver cómo estaba su sistema nervioso. Solamente con este gesto, el chico comenzó a hablar por los codos. No sé si conocéis el juego de ordenador que se llama Minecraft, que les encanta a los niños y construyen cosas. Él empezó a ver lo que estaba en el despacho como si fuera uno de los mundos de ese juego, y a describírnoslo.

Hablaba y articulaba a la perfección. Los padres no salían de su asombro, me miraban sin dar crédito a lo que oían. El niño seguía hablando, contándonos lo que construía como en Minecraft, hasta que de repente dijo: «Ah, mira, ha llegado mi amigo Adriano, ¡hola!». El único Adriano que yo conozco es un niño, con un hermano gemelo, que tiene las mismas capacidades que el niño de la película *El sexto sentido*, lo ve todo. Mientras seguía con esa conversación y viendo cosas a nivel multidimensional, yo aproveché para hacerle un reset. Al terminar, ¿sabéis lo que me dijo? Me ofreció su mano, diciendo: «Haz eso otra vez». A partir de ahí fue espectacular, se me ponían los pelos de punta. ¡Una maravilla!

Le pregunté por Adriano, y me repitió que era su amigo. Les conté a los padres que yo conocía a un solo Adriano en este planeta y que podría ser el mismo niño del que hablaba su hijo, así que me gustaría que se conocieran. Les puse en contacto y ahora son amigos, en este plano. Lo que le ocurría al niño autista es que estaba atrapado entre dos realidades, y tenía que encajar la otra realidad en esta porque estaba desconectado. Al poner la mano, se liberó el bloqueo multidimensional, se cayó la etiqueta de autista que, en este caso, le había encerrado en su mundo sin hablar, siguiendo la programación que le habían impuesto los adultos. Tuvo la suerte de salir de ese caparazón, comenzar a hablar y a vivir. Fue muy bonito poder ayudarlo.

EL ESPOLÓN BORRADO

A veces, aparecen por la consulta personas simplemente porque alguien les ha dicho que me conoce y que resulta que le hice tal o cual cosa a su primo o su hermana y que deben probar. Y a eso vienen, por probar, como en el caso de Miguel, un paciente que vino a Barcelona desde Mallorca hace ya unos años.

Miguel tenía un problema en el pie, un doloroso espolón que no le permitía caminar bien o andar distancias incluso relativamente cortas. Tenía pendiente una operación para limarlo, pero antes de entrar en el quirófano alguien le aconsejó que intentase pedir cita conmigo y, ni corto ni perezoso, Miguel se plantó en mi consulta. Me explicó su caso y simplemente me dijo: «Mira a ver si tú puedes hacer algo». Yo le hice un reset y puse la mano en la zona del espolón, en el talón de su pie. Acto seguido, se despidió de mí y regresó a Mallorca.

¡Qué sorpresa se llevó al llegar allí! Se fue a jugar al golf con unos amigos y ellos mismos le hicieron darse cuenta de lo que había pasado. Lo veían caminando de un lado a otro e, intrigados, le preguntaron: «Miguel, ¿qué te ha pasado? ¿Qué has hecho? Estás caminando todo el tiempo en lugar de desplazarte en el carrito de golf, como de costumbre». En ese instante Miguel cayó en la cuenta, ya no tenía espolón ni le molestaba nada en su talón. Su mujer me llamó y me preguntó: «¿Qué le has hecho a Miguel?». Le comenté que apenas había estado con él unos quince minutos, que le había hecho un reset y luego tocado el talón. Ella me explicó que su marido la había llamado eufórico para decirle que estaba jugando al golf sin el carrito y caminando los dieciocho hoyos.

Miguel no podía creerse lo que le había sucedido y decidió inmediatamente que tenía que llevar el curso zen a Mallorca para que todo el mundo tuviera acceso a sus beneficios. Así que habló con sus amigos, con todos sus contactos, y en pocos días consiguió un sitio donde celebrar el curso, en un polideportivo. También nos buscó un hotel, y por si fuera poco puso a nuestra disposición su restaurante de comida italiana. Yo solo tuve que darle mis fechas disponibles y él organizó un curso estupendo, completamente gratuito, en agradecimiento a que ese espolón tan molesto hubiera desaparecido. Como anécdota, lo bautizamos cariñosamente Miguelón del espolón. Se ve que el Universo tenía ganas de que organizásemos un curso en Mallorca y Miguel (junto con su espolón) fue el canal que utilizaron para materializar esa idea.

EL RESET DE MI DESPERTAR
(por Edu de Tena)

El 4 de agosto de 2020 marcó un antes y un después en mi vida, una revelación auténtica y esperanzadora, pues solo había requerido de unos minutos y jamás hubiera pensado que algo tan grande podría sucederme sentado en un banco de un parque en Majadahonda, Madrid.

Soy Edu de Tena, artista y cocreador, y puedo decir que tuve un gran despertar a raíz de mi primer reset. Como yo lo llamo, *el efecto reset* fue apoteósico, ya que siempre he tenido mucha conciencia y he sabido que había algo más allá de este plano, de esta cosa que llamamos mundo, cuerpo, materia... Siempre supe que detrás de todo esto hay algo más, que las cosas pasan por algo y que venimos con una misión concreta y común a la vez, que el sufrimiento sirve para despertar y valorar, y que lo malo no dura siempre. Todo esto lo pensaba antes de conocer a Suzanne, entre otras cosas. Y es por eso que, al conocerla, me llené de esperanza y alegría ya que pude percibir que alguien más pensaba muchas cosas de las que yo siento, empaticé con ella al instante, fue mágico. Toda mi vida siempre he sentido y creído en las energías, las vibraciones, los pálpitos, la intuición, pero había algo que se escapaba de mi entendimiento racional, que no me permitía ser yo mismo, algo que no me dejaba fluir con mi esencia natural del ser, de ahí que quisiera investigar las típicas terapias alternativas, entre regresiones, psicólogos, amigos chamanes, etcétera. Me gusta crecer y transformar lo que no me gusta de mí para ser mejor persona, para ayudarme a mí y por consiguiente, a los demás.

Aquel 4 de agosto, después de conocernos durante una comida que organizamos espontáneamente, fuimos de paseo por el parque del monte del Pilar. En un momento dado, Suzanne me invitó a sentarme en un banco para hacerme un reset. Me dijo que cerrase los ojos y me puso sus manos. De repente, sentí una sensación de fuerza mayor que me estaba transmitiendo un mensaje: «Edu, tranquilo, confía y déjate llevar». Admito que estaba nervioso, intranquilo. Al mismo tiempo, sabía que estaba en el momento perfecto, por eso estaba tranquilo; era un nerviosismo bueno porque depositaba mi plena confianza en Suzanne y en que eso del *reset* iba a ser muy bueno para mí. Empecé a sentir un hormigueo por la espalda y la cabeza que se fue yendo hacia el estómago. En ese momento fui fluyendo y dejándome llevar porque no quería meter la mente racional por el medio, sino que simplemente quería sentir. Fue lo mejor que hice, ya que en ese momento empecé a sentir una sensación de paz y de tranquilidad muy grande.

En paralelo, algo que tenía en mi estómago estaba brotando con espasmos, contracciones. En ese instante, una sensación de nervios y taquicardia bombeaba mi corazón, sentía que algo se estaba desprendiendo de mí, algo energético, emocional, extrasensorial estaba siendo eliminado de mis entrañas, como si en un desagüe comenzase a sacar toda la suciedad que, en este caso, venía desde mi estómago a la cabeza. Mi cuerpo iba alejándose físicamente y podía sentirme casi flotando; de hecho, se me iba el cuerpo a un lado, pero sin llegar a caerme, y pude sentir que había alguien más ayudando a Suzanne, alguien que no estaba físicamente allí, pero vi cómo me abanicaba, sentí a un ángel conmigo.

De repente, comencé a temblar. Incluso Suzanne me habló, pero yo no contesté, sino que esa sensación extraña contestó por mí, se pronunció a través de mí, pudo salir y expresarse. Sentí cómo se iba desprendiendo de mí y cada vez iba sintiéndome más libre, más relajado, menos pesado, más en paz. Cuando Suzanne me dijo que abriera los ojos, que ya había acabado, estaba en un estado de catarsis, entre la confusión y el estado de gracia, entre el sueño y la realidad. No podía creer que fuese real, la sensación de mirarla a los ojos y ver la pureza y la bondad de una mujer llena de luz, de ayuda al prójimo. Pude sentir el amor incondicional con que había realizado el reset, mis lágrimas comenzaron a brotar de mis ojos porque podía sentir el amor que me rodeaba multiplicado por mil, no podía parar de llorar, porque sentía lo que soy, mi esencia pura y divina. Lloraba de emoción y agradecimiento eterno hacia Suzanne, ya que fue el canal para liberarme de aquel ente y energía densa que dominaba mi cuerpo y mis impulsos.

Confieso incluso, y esto no lo sabe nadie, que he tenido momentos de querer quitarme la vida, impulsos cuando iba en el coche solo de querer dar un volantazo, pensamientos repetitivos que por más que trabajase en mí no se iban de mi cabeza. Fueron momentos puntuales, pero los tuve, y yo mismo me hablaba y me preguntaba: «Edu, ¿por qué?». Al fin lo entiendo: ¡porque no era yo! Es tan importante respetar las energías y mantenerte en tu centro, que tras ese reset valoro cada cosa y cada momento como si fuese el primero.

Abracé a Suzanne y le agradecí lo que había hecho. Humildemente, ella me contestó que no había hecho nada, que solo fue un canal. Yo, sin parar de llorar, abracé a los árboles, pedí perdón a mi chico, a la naturaleza, agradecía todo el rato estar vivo, estaba como un recién nacido, pero con treinta y cinco años. Un regalo del Universo. Mi chico grabó todo lo que sentía justo en aquel momento, a los pocos días le dije a Suzanne que si le apetecía subir este video a su Instagram que lo hiciera, ya que mi objetivo en este despertar es poder ayudar a cuantas más personas mejor, quiero que la gente viva y sienta todo lo que sentí y puedan ser ellos mismos.

A partir de entonces todo fue cambiando, me fui transformando cada vez más, soy consciente cada día de lo que soy, doy las gracias en cada momento por estar vivo y trabajo para seguir creciendo y despertando, cocreando por el bien de la humanidad desde el amor incondicional. Agradeceré a Suzanne hasta el fin de mis días y de mis vidas que haya sido el canal de luz para liberar a esos seres multidimensionales que se quedan con nosotros. Soy muy feliz y me siento afortunado, lleno de luz. Gracias, Suzanne.

EL FIN DEL CÍRCULO
(por David de Calle)

Aquella mañana volvió a brotar esa reiterada emoción en mí. Subió por mi pecho atravesando todo mi ser y llegando a empapar mis ojos con un llanto que era incapaz de controlar. Sentía que no podía más. Estaba perdido en medio de una maravillosa vida a la que no veía rumbo ni sentido en muchos aspectos. Me senté en un rincón de mi estudio y empecé a llorar como si no hubiera llorado nunca. Miré al cielo y dije: «Abuela, ayúdame, guíame como solo tú sabes hacer, mándame algo que me ayude a cambiar mi vida y a ser quien he venido a ser. Gracias, te quiero». Pocas palabras me bastaron para sentirme tremendamente conectado a mi abuela, a la que había robado el apellido un día para convertirme en David de Calle, mi nombre profesional como diseñador de moda.

Pocas horas después de aquel momento, me acerqué a Ecoencuentro a tomarme un café que me ayudara a desconectar. Allí charlé un rato con Eva, la dueña, y minutos más tarde me dijo que Suzanne Powell había llegado con una amiga. Nos presentó y estuvimos un rato charlando, le conté todo lo sucedido y ella me ofreció el salvoconducto propio de la ocasión: un reset. Al terminar de hacérmelo me preguntó qué tal me encontraba. Yo estaba más tranquilo, pero seguía sintiendo esa ansiedad que me acompañaba desde hace muchos años. Sin embargo, esa misma noche fui consciente de que algo en mí había cambiado, ¿dónde estaba esta ansiedad? En un intento por creer que aquello era casualidad, comencé a experimentar cómo los síntomas iban bajando su intensidad hasta casi no acordarme de aquel fantasma que venía a incomodarme.

Volvimos a vernos en varias ocasiones más. Recibí más resets para aprender de verdad a vivir en paz. Sentía como algo dentro de mí había muerto para siempre, para dejar paso a algo muchísimo mejor. Todo estaba cambiando a mi alrededor. Aquella crisis existencial me devolvió a la dimensión de paz infinita y amor a la que siempre he pertenecido, pero que no recordaba dónde estaba. Después de todo esto me planteé seriamente hacer los cursos zen de Suzanne, meterme de lleno en materia, sanarme al cien por cien y tener la capacidad futura de poder ayudar a todos los que un día estuvieron como yo. Y es que una vez que has despertado, ya no hay manera de volver a meterse entre las sábanas.

Hoy me encuentro escribiendo entre lágrimas un recuento de lo que para mí están siendo las semanas más transformadoras de este año 2020 que ha venido para hacernos más conscientes, más verdaderos y decididos. Hasta me siento extrañado de lo tranquilo que estoy. Y es que cuando tienes paz, lo tienes todo. El otro día mi tía encontró por la calle un par de libros en el suelo, y me los trajo a casa por si los quería. Uno de ellos se titulaba *El fin del círculo*. Entonces lo comprendí todo. No dejes que te mientan: muchos te dirán que los círculos no tienen final, pero ahí sabrás que es el momento de comprobarlo.

En la transición de haber terminado hace cinco días el primer nivel del curso zen, y preparado para comenzar mañana el segundo nivel, quiero dar las gracias profundamente a mi querida Suzanne, por abrirme su corazón, confiar en mí de manera plena y valorar mi forma de expresarme en la vida. ¡Qué bonito saber que en mi programa firmé encontrarme contigo! Levanto los ojos al cielo, a aquella otra maravillosa mujer que me puso el mejor escenario para comenzar una vida completamente nueva. Gracias por ser mi otra gran maestra, abuela.

Y a ti, que estás leyendo esto, quiero decirte que otra forma de vivir es posible. Que cuando todo se vuelve oscuro, aparecen las estrellas. Que no importa donde estés, con quién, ni a qué te dediques, siempre que quieras encaminarte hacia tu paz interior, no habrá fronteras. Que todo pasa, todo cambia, todo se transforma. Todo lo bueno sucede siempre que salimos de nuestra burbuja, de nuestra zona de confort y nos encaminamos hacia algo que nos asusta y que amamos al mismo tiempo. Siempre desde la paz, siempre decididos y siempre *de calle*. No tengas miedo, no estás solo. Y, sobre todo, estás a tan solo un par de pasos de recordar quién eres y para qué decidiste venir a este planeta. *Just do it*, y siempre a tu manera.

AMAR LO QUE ES
(por Teresa Calderón)

Causalmente, porque las casualidades no existen, conocí a Suzanne hace dos años, justo el día en que me diagnosticaron cáncer de mama. Estaba haciendo el curso zen envuelta en lágrimas. Lágrimas bloqueadas, sin agua, de las que no empapan. Estaba desgarrada. Ella me enseñó todo, me hizo aprender tanto de mi dura experiencia y hacerme ver que algo que parecía negativo iba a ser la experiencia más enriquecedora de mi vida. Me enseñó que la vida no es lo que te pasa, sino cómo te tomas lo que te pasa y que eso nos hace muy poderosos. Yo tenía que pasar por mi cáncer porque tenía que hacer un trabajo de transformación. Gracias a ella sentí que yo lo había pedido antes de nacer para mi propia evolución y que el mundo necesitaba que estuviera despierta.

Empecé a ir a los resets colectivos en Ecocentro, en Madrid. Estaba muy delgadita, pálida, con ojeras, con mis turbantes de colores en la cabeza y con un mechón rubio rizado que había hecho con mechones de mis tres maravillosas hijas. Pasaba por aquella puerta, tras mis sesiones de quimioterapia, deseando que me hiciesen un reset. Yo saludaba tímidamente y Suzanne, con su eterno sentido del humor, siempre me preguntaba: «¿Todavía estás viva?». Y yo le contestaba divertida que estaba increíble (casi sin poder mantenerme en pie) y luego le pedía que «me metiese mano». Era nuestra broma. En aquel entonces, yo le decía a Suzanne, muy convencida: «Sé que me estás cambiando mi ADN, tú sigue». Y ella me decía que yo era un ejemplo para muchas otras mujeres, por mi fortaleza, por mi optimismo, por la sonrisa que me acompañaba siempre. Me daba mucha fuerza y no sé explicar cómo salía de los resets, ¡conectada! Desaparecía mi miedo y salía a la calle llena de valor, conexión y confianza. Notaba una energía especial sobre mi coronilla y en mis manos. Sabía que nada me pertenecía y que todos éramos lo mismo. De camino a casa compraba el pan y comida, pero en cuanto veía a alguien que lo necesitaba más que yo me desprendía con humildad de todo lo que llevaba y me devolvían una preciosa sonrisa del alma, deseándome mucha salud. Yo me reía interiormente, «Justo de eso voy sobrada».

Empecé a alimentarme de una manera mucho más consciente tal y como había aprendido en los libros de Suzanne. Sabía que tenía que estar en calma y paz conmigo misma, sin miedo, con confianza. Que para sanar debía comer sano. Que tenía que vivir disfrutando y sintiendo cada instante, porque nadie absolutamente nadie va a saber lo que pasará mañana. Con el zen y la meditación aprendí la humildad, a ser consciente y saborear los pequeños momentos de la vida, cada caricia de mis hijas, cada beso, y vi el encanto en la vida simple. Sentí la luz eterna. Sentía ayuda y conexión en otra dimensión, comprendiendo la muerte como parte de la vida. Sabía que la realidad no era lo que veía y que todo y todos somos lo mismo. Estaré eternamente agradecida porque esto jamás lo hubiera sentido si no hubiera conocido a Suzanne por mi proceso de cáncer. Ella me regaló estas enseñanzas que quiero compartir con el mundo.

Just do it!

Suzanne nos había explicado el toque zen de emergencia y habíamos adquirido el compromiso de que si encontrábamos a alguien necesitado en la calle teníamos que poner las manos y confiar en que seríamos un canal para ayudar a su recuperación. Así fue. Estaba contándoselo a mi hija Julia, paseando por los bulevares de Moncloa, cuando en la acera de enfrente vimos a un chico tendido en el suelo, sangrando por la boca y con convulsiones epilépticas. Pensé que necesitaba ayuda, pero me dio miedo ver tanta sangre. Oí en mi cabeza el *just do it* de Suzanne. Me abalancé sobre él a la vez que oía a un señor pedir ayuda a gritos. Le hice el toque zen de emergencia y, como si de un hechizo se tratara, el chico se trató de incorporar, recuperó la consciencia y dejó de convulsionar. Entró en un estado de paz absoluto, abrió lentamente los ojos y su mirada limpia reflejaba un profundo agradecimiento.

Recuerdo ese día como uno de los días con más luz en mi vida. Mi hija Julia me miraba con los ojos muy abiertos y con los brazos desplegados como diciendo: «¿Qué has hecho?». Yo no había hecho nada, había sido el Universo, yo solo soy un canal. Me tocaba las manos y notábamos toda la energía que había pasado por ellas. Miré al trocito de cielo que se atisbaba entre los altos edificios y di gracias por regalarme la gran prueba de fe que necesitaba. Desde entonces, supe que no estaba sola.

El desapego

Estaba exhausta en la cama sin poderme levantar porque todas mis fuerzas se las había llevado la quimioterapia (a la que yo llamaba agua bendita). Se había llevado también mi pelo y me sentía un ser completamente vulnerable; una mujer frágil y desvalida con nada a lo que apegarse. Hallé la verdadera humildad. Meditaba horas con agradecimiento por mi proceso de evolución, mandando paz y amor a todas mis células para que sanasen, amando lo que es. En mi cansancio me ponía a meditar y a estar presente, sintiendo tal gozo al salir de mi dolor y angustia corporal y emocional, casi rozando la otra dimensión. Era una especie de viaje al más allá donde me sentía comprendida.

Fue así como sentí que se desprendía mi gran coraza y junto a ella mi ego: «¿Dónde estás? ¿Dónde está esa imagen de triunfadora artista apegada al éxito y enganchada a los chutazos de su vida, colocada con la adrenalina de sus viajes y del no parar?». Hasta entonces creía que la vida era una carrera sin fin. Además, me identificaba con mi pelo, como Sansón, creía que mi fuerza era mi gran melena. «¿Dónde está esa rubia de pelo ondulado?», me preguntaba. Ya no había nada, ni mis pobladas cejas, ni mis largas pestañas, iban cayendo mis mechones a la vez que mis lágrimas. La vida me brindó una preciosa oportunidad para trabajar el desapego, en este caso de mi pelo, de mi físico y a su vez de mi ego... y fue entonces cuando le di la bienvenida a la nueva Teresa, que crecía desde su interior y que florecía desde dentro, recordando lo que decía Suzanne: «Sé la mejor versión de ti misma».

La ley de la atracción

Suzanne me explicó en una de sus consultas qué significa la ley de la atracción. Que yo no era un diagnóstico médico, ni un porcentaje. Que mi salud era increíble y que esta información era la que tenía que mandar a todas mis células. Me convencí de ello, pero tengo que reconocer que, pasados unos días, tras un sinfín de pruebas médicas, sentía un miedo atroz. Llegó entonces mi primera visita al oncólogo, asustada por su fama de ser la especialidad con menos empatía hacia el enfermo.

No comprendo cómo no se dan cuenta de que cuando te diagnostican una enfermedad grave estás a su merced física y emocional. Hice una de esas respiraciones profundas que aprendí en el curso zen, me armé de valor y entré en la consulta. Al darme los buenos días, le respondí que eran los mejores. Me preguntó a qué iba y yo le contesté, manteniéndole la mirada, con gran firmeza y determinación:

—Pues, estoy sanísima y fenomenal.

Se quedó confuso y me recordó que estaba en una consulta de oncología, mientras tecleaba en el ordenador buscando mis informes. Con tremenda dureza iba desgranando mi diagnóstico, sin la más mínima empatía. Yo no lo escuchaba.

—Ah, eso; cancelar, eso es solo un informe médico, menuda tontería; igual que viene, se va —le espeté muy convencida.

Atónito, el doctor dejó caer la carpeta sobre la mesa y mirándome fijamente a través de sus gafas, me dijo:

—Perdone, señora, pero no la estoy entendiendo. Le voy a decir una cosa, usted tiene que pasar por el duelo como todo el mundo.

A lo que le respondí que había decidido pasar por el protocolo médico y el espiritual, pero que el protocolo emocional, si no le importaba, lo iba a gestionar yo.

Por suerte, cambié de hospital. Pasé de sentirme como una oveja más del rebaño, metida en un estricto y automatizado protocolo en el que mis emociones no importaban, a sentirme cuidada, mimada y, sobre todo, escuchada. Pude experimentar en mi propia piel cómo todo ese amor y comprensión que me daba el personal médico, el equipo zen y mi maravillosa familia, iba curando todas mis células, sanándolas al sentir tantísimo amor incondicional.

Es muy importante que los médicos y personal sanitario en general comprendan que, cuando una persona está pasando por un proceso tan duro, no la pueden sentenciar; cualquier mensaje que recibes en ese momento tan delicado es determinante para la evolución de tu proceso. Con su mejor intención conceden todo el poder a la ciencia y el diagnóstico, cuando la ciencia está llena de inexplicables milagros. Por supuesto que la medicina es fundamental, pero también han de tener muy en cuenta la psicología; cómo te hablan, cómo se expresan. Saber empatizar, porque si el médico te dice: «Va todo fenomenal», tú vas a estar fenomenal. Pero si te dicen que te vas a morir, te puedes morir creyéndotelo. Ellos tienen el poder de crear tu futuro porque pones todas tus emociones y confianza en ellos. Por eso es muy importante que los mensajes que te manden sean positivos y de confianza, para que tú se lo puedas proyectar a tu cerebro y a su vez a todas tus células. ¡Os aseguro que esto sana! Y, al contrario, el miedo bloquea todo tu ser, paraliza tus células desoxigenándolas al crear pensamientos de temor.

Sabía que era muy importante amar mi realidad, amar lo que es, incluso las sesiones de quimio. En ellas, me conectaba, hacía tres respiraciones profundas y empezaba mis meditaciones para estar en la nada, mandando el agua bendita a todas y cada una de mis células que más lo necesitaban, protegiendo el resto con un halo de luz. Terminaba con un profundo agradecimiento y me funcionaba. Salía de allí con una gran sensación de paz y sanación. En casa, a diario, me hacía religiosamente los toques zen correspondientes a mi enfermedad. Además, si me dolía algo me ponía las manos y respiraba profundamente, hasta que se calmaba el dolor. Y cuando me hacían perrerías en el hospital, con analíticas, transfusiones, biopsias u otros procesos dolorosos, yo me hacía el toque de emergencia y conseguía mitigar el dolor. Los toques zen funcionan, así lo creo y así lo he vivido. Somos lo que creemos, y creamos lo que creemos: el Universo escucha y dice: «Dicho y hecho». Pasó poco tiempo antes de que mis resultados médicos se volvieran tan espectaculares que ni los propios médicos daban crédito. Hasta conseguí que la clínica que me trataba, por primera vez en la historia, repitiera mis pruebas de ADN, confiando en la posibilidad de que yo podía hacer todo lo que me propusiera, ¡incluso modificar mi ADN! Fue muy bonito tener todo ese apoyo a mi alrededor, tanto amor incondicional... Gracias por vuestra gran confianza. El amor es tan poderoso que lo sana todo. Sanar es la fuerza divina y del amor, la fuerza del ser humano de cocrear con el Universo. Si lo sientes, habla con tu médico y házselo entender.

Mucho humor, siempre

Yo hacía eso a través del humor. En mis sesiones de agua bendita (quimioterapia), me negaba a que me hablasen de efectos secundarios negativos, les decía: «Cancelar, cancelar», como me enseñó Suzanne. Decía con firmeza: «Doctor, es que el agua bendita, además de sanarme, me sienta fenomenal». Siendo consciente del poder de las palabras, les explicaba que tenía *superpoderes* y que a mí no me afectaban los efectos secundarios. Insistía en cada una de las sesiones para que me contaran lo bien que me iba a sentar la quimioterapia. Los médicos me trataban con infinita paciencia y me hacían caso, diciéndome: «Vas a estar fenomenal, muy fuerte, vas a poder hacer deporte, y tu sistema digestivo e inmunitario van a estar excelentes». Se manifestaba: salía con un gran subidón y me iba directa a la piscina a nadar y a limpiar toxinas.

Comprenderéis que enseguida cogí fama de loca en el hospital, me decían que era la paciente más pirada que habían tenido nunca. Yo los corregía simpáticamente: «Paciente no, diréis cliente, aquí todos somos clientes». Se reían mucho conmigo y yo con ellos, nos amenizábamos el día; ya que estábamos allí, mejor pasarlo con dosis de risas y de mucho humor. Así fue como conseguí una excelente relación con los médicos, gracias a mi actitud positiva y a mi sentido del humor.

En la que fue mi última operación, convencí al médico que estaba trazando las líneas de simetría en mi pecho de que me pintase también corazones por el cuerpo antes de entrar en el quirófano. Le expliqué que era para estar más conectada con el amor y con ese guiño de humor me dormí con una sonrisa mientras la anestesia iba haciendo efecto en mí, imaginándome la cara del resto de los doctores al verme entrar en el quirófano tatuada por el amor. Todo en mí era inesperado, ni siquiera yo sabía qué era lo siguiente que iba a tramar. Vivía mi historia como una aventura, haciendo gamberradas con la frescura e inocencia de una niña traviesa. De esta manera conseguía desligarme y quitarle hierro al asunto, utilizando mi imaginación y creatividad que tanto me caracteriza. Pero la anécdota más divertida fue cuando, ingresada en el hospital en pleno proceso del cáncer, me escapé un rato dejándoles un cartel en la puerta de la habitación que decía:

Disculpen las molestias. Estoy haciendo parapente en el tejado del hospital. Enseguida vuelvo.

Qué risa, me dieron el alta inmediatamente. El día que me dieron definitivamente el alta me fui al hospital con una corona enorme, merecidísima, que me había comprado. A pesar de las reticencias de mi madre, que se moría de vergüenza y me pedía que me la quitase, aparecí por allí con ella en la cabeza, feliz y divertida como una niña. Sentía poder al llevarla puesta. Todo el mundo me sacaba fotos y sonreía a mi paso. Cuando entré en la consulta de mi médico y me preguntó cómo estaba, obviamente le contesté: «Como una reina, ¿no me ves?». Reconozco que me daba tantísima fuerza poder llevarla, que se quedó conmigo una larga temporada.

Surrealista, sí, pero nos lo hemos pasado muy bien. La vida es como te la tomas, es lo que le eches. Yo he aprendido a echarle mucho sentido del humor, mucho amor y mucho agradecimiento. Siempre acompañados de muchas risas, ¡que nunca falten! Como bien dice Suzanne, a quien le doy las gracias por toda su ayuda desde el amor incondicional: lo importante no son nuestras circunstancias sino lo que somos en ellas.

El verdadero amor incondicional

Gracias a este proceso en compañía de Suzanne, mi gran maestra, he podido sentir el verdadero amor incondicional sanador, tanto física como emocionalmente, y entender el dolor como parte del ciclo, amando lo que es, abrazando el momento. No existirían las cosas que creemos que son buenas si no existiera también lo negativo, el yin y el yang, el juego de la dualidad. Aprendí del sufrimiento; pasar por un proceso tan traumático como un cáncer, donde llegas a sentir el dolor en su máxima profundidad, te hace tener mucha más empatía con el dolor de los demás, te da la capacidad de sentir el dolor ajeno (que antes no sentía) y te llegas a sensibilizar con los problemas del otro.

Por eso creció en mí la necesidad de ayudar, bendito cáncer, ¡aprendí a empatizar! La pena de cualquier ser humano se convierte en mi pena e igual pasa con las alegrías. Tenemos que darnos cuenta de que todos somos lo mismo, por eso debemos tener el compromiso de mantener entre todos nuestra frecuencia en alta vibración, para ayudarnos y amarnos. Suzanne Powell y todo su equipo crean un grandísimo poder con el zen. Con su gran amor incondicional, que te regalaban y que yo tanto absorbía, me contagiaban y me difuminaba convirtiéndome al igual que ellos en un canal. Tenía la gran necesidad de ayudar a los demás, como un efecto en cadena, como las fichas de un dominó que caen impulsadas por el empuje de la primera: ellos me ayudaban, yo ayudaba a otro, y ese otro seguramente ayudaría a un tercero, y así luego a un cuarto, a un quinto, etcétera, expandiéndose el amor por el mundo. Era el dominó del amor. Fue entonces cuando sentí por primera vez que todos éramos lo mismo, una unidad, y que el amor es tan potente que tiene el poder de la transformación y de la sanación.

El despertar

Llegó el feliz día en que pude entrar en Ecocentro con una gran noticia que anunciarles a todos: me habían dado de alta, el cáncer había desaparecido. Los médicos estaban impresionados con el resultado, para ellos había sido un caso muy sorprendente y no se explicaban cómo pudo remitir tan rápido. Lo que más me gustó de todo es que ellos tuvieron tal confianza en mi proceso que me escuchaban, les importaba. En mis últimas consultas, cuando ya estaba libre del cáncer, me recordaban la lección que yo les había enseñado: «Teresa te vamos a echar mucho de menos porque has conseguido que en este hospital, cada vez que nos llegan pacientes en plan negativo o pesimista, tenemos que ser nosotros quienes les cancelamos a ellos; ahora sabemos que tus métodos funcionan». Fíjate, los médicos diciendo el cancelar de la Powell a sus pacientes. Me gustó mucho darme cuenta de que había podido dejar allí mi granito de arena sobre la enseñanza que me había regalado Suzanne y todo su equipo zen.

La verdad es que para mí ha sido un despertar muy bonito, ha sido un proceso de crecimiento y de evolución. Doy gracias al Universo, a Suzanne, a los del zen y a todo el equipo médico. Por supuesto, a mi maravillosa familia que me ayudaron tantísimo con tanto amor y comprensión. Tuvimos la fortuna de crecer juntos y nos hizo darnos cuenta de las cosas importantes de la vida, fortaleciendo nuestro vínculo de amor: ¡os quiero con toda mi alma! Esto ha hecho que sea mejor persona ahora que antes, me ha ayudado a relativizar mis miedos, a desapegarme de lo innecesario. Como decía mi amada ginecóloga, el cáncer te da más de lo que te quita. Ella fue como un ángel para mí, camuflada en una bata blanca. En todo mi proceso el Universo se hizo cargo de desplegar en forma de ayuda diferentes ángeles disfrazados de humanos, haciéndome sentir la fuerza del amor en toda su entrega, experimentando por primera vez la humildad de dejarme querer y sentirme cuidada por los demás.

Quiero comunicar que cuando crees que te encuentras en una situación en tu vida en que te pasa algo que crees que es malo, tú le puedes dar la vuelta y convertirla en algo bueno, en un proceso maravilloso para crecer, usándolo para evolucionar y siempre echarle buenas dosis de creatividad. No sé cómo explicarlo, no sé cómo expresar vivencias y sentimientos para los que no tengo palabras. Soy una artista y mi forma de expresión son los colores, pero lo voy a intentar sin pecar de ego espiritual porque tengo la necesidad de compartir con el mundo que la luz y lo divino existe. Yo lo vi y lo sentí.

Gracias a mi proceso y, por supuesto, a Suzanne y al equipo zen, tuve un despertar. Vi la divinidad, sentí la humildad y supe que todos y todo éramos lo mismo, y que tanto la vida como la muerte son una continuación divina. No es un tema de fe, es algo que sé que he sentido: sentí la luz. Por las noches, algo que ni sé definir me acariciaba mi calva cabeza cuidándome, protegiéndome, dándome ánimos. Sentía la divinidad, sentía que desde otro plano me estaban ayudando, mandándome señales continuamente que se manifestaban como halos de luz encima de mi coronilla; o apagando y encendiendo la iluminación de la habitación sin que yo hiciera nada; o como algo energético iluminado en el aire. Me sentía completamente protegida porque sabía que no estaba sola. Lo cierto es que yo me sentía mucho mejor en ese plano espiritual que en el humano, lo mundano me contaminaba. Finalmente, cuando el cáncer estaba vencido, la vida me enseñó de nuevo la dualidad y regresé a mi estado natural. Por suerte, me llevé todo mi aprendizaje y, aunque ahora en mi día a día, ya no siento esa luz divina, sé que existe y eso me ayuda a tener la consciencia de ver mis actos y poderlos mover y rectificar, porque tal y como me explicó Suzanne la vida es dualidad. Y yo he despertado a la vida.

La oportunidad de escribir este testimonio, estas líneas de agradecimiento a la vida en toda su hermosa expresión y a todos los que me entregaron su amor incondicional, me ha regalado un efecto terapéutico inesperado, de profunda limpieza del alma. Siento el impulso de recomendárselo a cualquiera que haya pasado por un proceso tan difícil como el que yo viví, como un ritual de despedida, un último pañuelo al aire, agitándose: «adiós, amigo cáncer, gracias por lo que aportaste a mi vida».

EL UNIVERSO DA Y TOMA
(por Lee – Miami)

Cuando tocas fondo es cuando te das cuenta de quiénes son tus verdaderos amigos. Un día de junio de hace un par de años, en plena desesperación, eché un vistazo a todos mis contactos y llamé solamente a los pocos amigos que creía que de verdad podrían ayudarme. De las seis personas a quienes llamé, cuatro pudieron hacerlo. Esta historia habla de la ayuda de dos de esas amigas.

Les expliqué que estaba intentando mudarme y llevar mis cosas a un almacén. Me rompía el corazón pensar en que podría llegar a perderlo todo. Lo más duro de esta época de mi vida era que carecía de ahorros y no tenía ni la más remota idea de a dónde ir o qué quería hacer. Lo único que sabía era que no quería perder el piano de cola de mi hijo; había protegido ese piano desde su noveno cumpleaños. Me había mudado unas pocas veces y puedo afirmar que es todo un compromiso el cargar con un piano de cola en tantas mudanzas. Espero que, en los próximos años, él tenga su propia casa (en un piso bajo) para tenerlo.

Estas amigas me dijeron que justo iban a estar de visita en mi ciudad el siguiente fin de semana y que vendrían a verme. Llegaron a mi apartamento cuando ya estaban de camino de regreso a su casa, me dieron algo de dinero en efectivo para ayudar, y me comentaron que en el coche las estaba esperando su buena amiga Suzanne Powell, que había venido desde España. Nunca había oído hablar de ella y, para ser sincera, estaba tan enfrascada en mis problemas y tan desesperada que cuando me ofrecieron la posibilidad de que entrase en casa y me hiciera un *toque*... Aunque no sabía en qué consistía, me lancé y dije: «Por supuesto».

Rememorando ahora mientras escribe, recuerdo lo baja y triste que me sentía. Era como estar en un estado constante de casi a punto de llorar y a la vez no saber por qué. La vida ya me había dado algún que otro palo, y me habían roto el corazón antes, pero en ese momento estaba desbordada. Creo que estaba irreconocible. Mi dulce y generosa amiga nos miraba, mientras Suzanne me sentaba en una silla y me pedía que me relajase y estuviera quieta, pues iba a hacerme... ¡lo que ella sabía! Me dejé llevar y me quedé sentada con los ojos cerrados y relajada. Estuvimos charlando un buen rato, ella me habló de sus creencias, me recomendó ver uno de sus videos sobre la abundancia, me dio muy buenos consejos, y ahí terminó todo.

Hasta que, la semana siguiente, ocurrió lo inesperado. Mi vecino, un hombre ya mayor llamado Joe, me pidió que le llevase en coche al Casino. Como curiosidad diré que en los últimos cuatro o cinco años he hecho varios amigos que tienen más de ochenta años; me encanta su compañía, y siento que soy como la *guardiana* de sus historias y de sus secretos. Historias que quizás si no fuera por mí se quedarían sin ser escuchadas; soy feliz de estar ahí para ellos, en el conocimiento de que los acompaño en el último tramo de esto que llamamos «vida». En cualquier caso, le dije a Joe que podría esperarlo una hora mientras jugaba y que lo llevaría. Me puso treinta dólares de gasolina en el coche y me dio cien más, con la condición de que debía usarlos en la máquina tragaperras al lado de donde él se sentara. Esto era lo último que me hubiese cruzado por la mente justo el fin de semana anterior, especialmente porque todavía no sabía que todo había echado a rodar por mi encuentro con Suzanne Powell.

Metí el billete de cien dólares en la máquina, le di al botón un par de veces y, no sé ni cómo, resulta que me tocó un premio de los gordos. Yo no tenía ni idea de lo que podía significar, me quedé sentada esperando a que vinieran a decirme cuánto había ganado. Un chico muy amable que trabajaba en el casino se acercó a mí y me dio la enhorabuena. Le di las gracias y le pregunté cuánto había ganado. Me dijo: «Diez mil dólares». Me quedé sin respiración, literalmente. Se me llenaron los ojos de lágrimas y vi que Joe me sonreía: «Soy muy feliz por ti». No tengo la más mínima duda de que lo que sea que Suzanne Powell despejó y puso en marcha fue lo que provocó este milagro.

Llega la contraparte (un poco dolorosa, pero está bien). Cuando mis amigas se fueron en su coche, tuvo lugar una conversación de la que yo no sabía nada. Algo acerca de cómo el Universo solamente te da lo que necesitas y, a veces, te quita LA MITAD* de eso para dárselo a alguien diferente. ¡Ojalá lo hubiera sabido! De repente, tenía diez mil dólares cuando días antes estaba sin dinero. Llamé a mis amigos de inmediato y les devolví el doble de lo que me habían prestado la semana anterior. Pagué un montón de facturas pendientes, pude sacar el piano de casa junto con el resto de mis cosas y llevarlo a un espacio de almacenaje. Empaqueté todo con una mente que ya era distinta, gracias a mi *milagro* de parte de Suzanne.

Mi vecino Len vino a despedirse, diciéndome que le apenaba que dejase el edificio, y me ayudó a llevar varias cosas al coche y otras al contenedor. A la izquierda de la puerta de entrada había un montón de cosas que yo quería llevarme al almacén que por milagro ahora podía pagarme. Frente a ellas, un montoncito pequeño de cosas que había etiquetado como «para conservar» (donde guardaba fundamentalmente ropa y una caja). A la derecha de esa puerta había otro montón pequeño de cosas que eran todas para tirar al contenedor. Había cajas rotas y basura que no se podía ya vender ni dar a caridad. Y he aquí

---

* *Nota de Suzanne: Lo que hablamos –y nos referimos a cuando recibimos un dinero inesperado, una cantidad de esas que decimos que caen del cielo– es que en el Oriente existe la creencia de que en estos casos debemos dar el setenta por ciento del total a caridad, o si no, acumularemos karma. La moraleja es que el Universo te da lo que necesitas, ni más ni menos.*

el problema: yo guardo mi ropa interior en cajas bonitas que se parecen mucho unas a otras; en una mis bragas, en otra mis sujetadores, y en otra que se había roto tenía bañadores. Esta última estaba en el montón a la derecha de la puerta. Seguro que podéis averiguar qué pasó. Mi vecino Len oyó al camión de la basura que se acercaba calle arriba, así que cogió todo el montón que era para tirar y corrió para que le diera tiempo a dejarlo en el contenedor antes de que pasara el camión. Que Dios le bendiga, él solo quería ayudar. Entretanto, yo estaba dentro de la casa limpiando las habitaciones y añadí algunas cosas al montón que estaba en el lado de cosas para conservar.

Pero algo faltaba. El montón de la izquierda solo tenía una caja bonita, ¡entré en pánico! Rezaba para que fuesen los sujetadores los que habían desaparecido, pero no fue así. Faltaba la caja de las bragas. ¡Yo estaba histérica! Ahí tenía todo el dinero que había sobrado de mi premio en el casino, metido en un sobre y bajo las bragas. Supongo que no necesito añadir que era justo la mitad del premio y que se había ido en el camión de la basura. Intentamos localizar el camión por todos los medios posibles. Lo más gracioso es que no podía confesarle a Len la verdad y él se creía que estaba montando todo aquello por una caja de bragas perdida. El pobre no lo había hecho a propósito y si se enteraba de la verdad se hubiera sentido fatal, así que no se lo conté. Así fue cómo el sobre con exactamente LA MITAD del milagro de Suzanne Powell terminó siendo devuelto al Universo... en una caja de bragas en algún lugar de un basurero gigante. Para que conste, aún echo de menos alguna de esas braguitas. El dinero se puede reemplazar, pero todas tenemos nuestra ropa interior favorita, y ahora no van a volver.

Para M, P y Suzanne, a quienes estaré eternamente agradecida por esta experiencia, y con la esperanza de que esta historia haga sonreír y brinde esperanza a aquellos que la necesiten.

Los cursos

Llevo más de veinte años impartiendo el curso zen. Básicamente, se trata de controlar el sistema nervioso mediante la práctica de la técnica, usando la respiración consciente, la meditación y los toques zen. Los cursos se imparten de forma gratuita en grupos pequeños o grandes por todo el mundo. El curso más grande fue en México, con casi cinco mil asistentes y un gran equipo zen. Para mí, sin embargo, lo más importante es dar las clases sin expectativas, con amor y humor, y agradeciendo el trabajo en equipo, colaborando.

De hecho, todos los colaboradores hacen un trabajo voluntario, entregando su tiempo, ganas y esfuerzo para que todo salga perfecto. Yo hago lo fácil, saliendo al escenario con todo listo ya para empezar la clase. Detrás de cada curso hay muchas energías en movimiento y no todas exactamente a favor, y eso hace que estemos muy en conciencia para evitar posibles despistes y contratiempos o imprevistos. Aun así, un curso zen puede convertirse en cualquier momento en una película de Indiana Jones. El Universo nos puede echar un pulso hasta en el último momento, sin embargo, como los *Boy Scouts*, procuramos estar SIEMPRE PREPARADOS.

A través de los cursos zen hemos crecido en paciencia, tolerancia, capacidad de organización y de trabajo en equipo, confianza y solidaridad. Consideramos que nos aportan más de lo que jamás hayamos podido soñar. Hemos conocido verdaderos ángeles, personas maravillosas y a gente muy espiritual, consciente y humilde. Seres deliciosamente sencillos y humanos. Vienen participantes de todos los caminos de la vida, desde los dieciséis años en adelante. Con tal de ser voluntarios para aprender y asistir los tres días de las clases, ya les abrimos su nuevo camino zen.

Los cursos actuales, en 2021, no son tan numerosos, pero no por ello son menos gratificantes. Disfrutamos ahora en espacios más pequeños, pero con los corazones más cerca. Hace un año no me hubiese imaginado volver al inicio de mi camino zen, con cursos de veinte alumnos. Así disfruto de mi propio reset de vida, aceptando las circunstancias, sacando lo mejor de lo que el Universo me brinda y dando lo mejor que sé en el momento presente.

Menos es más. Menos estrés, más cercanía. Menos problemas, más paz. Menos organización, más tiempo para mí.

CURSO EN LA PLAZA DE TOROS DE GRANADA

Por los cursos zen pasan miles de alumnos cada año, en distintos lugares del mundo. Muchos anónimos y otros que, de un modo u otro, dejan una huella o nos regalan una historia para compartir de ahí en adelante. Es la magia de nuestra enseñanza.

Se había organizado un curso zen en Atarfe, en las afueras de Granada, que se celebró ni más ni menos que en una plaza de toros que un grupo de médicos nos consiguió para usar como aula. En total, había dos mil quinientos alumnos que ocupaban la mitad de la plaza de toros, conmigo en medio en un escenario improvisado y los alumnos en las gradas. Imagínate la cantidad de gente que estaba esperando para entrar esa mañana antes de empezar la clase.

Quiso la casualidad que ese día pasara por allí una señora que vio a toda esa gente esperando en la calle. Se acercó a una pareja que había llegado, ni más ni menos, desde Australia para tomar el curso; eran colombianos, pero habían hecho el viaje expresamente desde tan lejos para aprender la enseñanza zen. La señora les preguntó por qué había tanta gente y qué hacían. Le explicaron que era un curso gratuito y que si no tenía entrada no pasaba nada porque se la podrían dar en la puerta (es lo que hacemos siempre, la cola de los sin papeles). Esta mujer no tenía otra cosa que hacer y se tomó la libertad de ponerse en la cola para apuntarse al curso, y obviamente entró.

Lo sorprendente vino cuando más tarde esa pareja me comentó que la señora les había dado las gracias porque no sabía que iba a encontrarse con semejante regalo para su vida ya que esa mañana ella había salido de casa decidida a suicidarse. En el camino hacia el lugar donde pensaba cometer el suicidio se topó con el curso zen. La pareja me vino a contar todo lo ocurrido. Cuando ellos hablaron públicamente en el curso de su viaje desde Australia ella se dio cuenta de que había entrado en algo muy especial; si alguien era capaz de viajar desde tan lejos, con tanta inversión económica, cómo no valorar semejante regalo. Fue muy emocionante porque yo comenté a todo el curso que había una mujer cuyas circunstancias eran las que acabo de explicar y que quería comentar a los alumnos y a ella, sin señalarla, que allí tenía a dos mil quinientas personas dispuestas a ayudarla, a darle amor, amistad, a ser su familia; tendría la familia más grande del mundo. Toda la clase aplaudió. Fue muy mágico.

Cuando yo firmaba libros después de los resets, ella se acercó para pedirme un abrazo. Durante el abrazo me apretó muy fuerte y me susurró al oído: «Yo soy la señora que se iba a suicidar». Se me cayeron las lágrimas de pura emoción, sentía cómo ella temblaba en mis brazos y que toda la gente de la cola detrás de ella miraba sin saber qué me estaba pasando, por qué estaba tan emocionada. Un abrazo eterno, de alma. Ella supo, al finalizar el curso, que su vida de repente tenía sentido y sé que recordará toda su vida haber tenido esa oportunidad justo el día en que se iba a suicidar. Maravillosa experiencia.

CURSO ZEN EN VIGO CON MIL SEISCIENTOS PARTICIPANTES

Somos afortunados siempre que la risa nos rodee, aunque es cierto que en alguna ocasión esta nos puede jugar una mala pasada. Por ejemplo, cuando toda un aula se convierte en un coro de carcajadas, porque, ¿cómo controlar esa situación desde el escenario, cuando la risa es espontánea y no se sabe de dónde viene? Son cosas que me han pasado, y más de una vez.

Recuerdo ahora un curso en Madrid donde había una invidente sentada en primera fila. Ya eran las diez de la noche y me di cuenta de que teníamos que ir terminando, pero nos faltaban los quince minutos de meditación. Justo había introducido a todo el mundo ya en la meditación cuando de repente se escuchó una alarma con una de esas voces robóticas que decía: «Es la hora de la medicación». Lo que yo acababa de decir a los alumnos, literalmente, era: «Es la hora de la meditación», imagínate qué coincidencia. Esa alarma en el móvil de la mujer invidente era para recordarle la toma de su medicamento. La clase entera se echó a reír y con motivo. ¡Yo también! Ninguno dábamos crédito a que aquello pasara con tan perfecta sincronización, que fuese la hora de la medicación y de la meditación.

Esa fue una muy graciosa, pero tengo otra de Vigo, donde hicimos un curso en un polideportivo y se llenó el espacio con mil seiscientos alumnos. El primer día de curso coincidió con la noche de las brujas, o como allí las llaman, de las meigas. Una noche en la que se hacen rituales y las invocan; en realidad, no sé muy bien lo que hacen, pero es una tradición muy típica en Galicia. En todo caso, coincidiendo con esta noche de las meigas yo estaba haciendo la activación de los alumnos zen en este polideportivo, donde lógicamente la distancia era muy, muy larga entre el escenario y los asientos. Los alumnos se habían situado a lo largo de todas las gradas y yo tenía que ir subiendo y bajando gradas para activar a diferentes bloques. Empecé con la primera sección o sector y de repente oí que al otro extremo una chica había empezado a reírse como una bruja. Supuse que mis compañeros atenderían a la joven, así que continué a lo mío, pero te puedes imaginar a alguien con esa risa, esa carcajada estilo brujita, cómo contagió a mil seiscientos alumnos al unísono. En aquel momento, yo pensé «Madre mía, ¿cómo controlo esto?». Opté por respirar con conciencia e ignorar la situación.

Mis compañeros estaban ahí intentando buscar una solución, pero sintiéndose también impotentes porque no sabían cómo afrontarlo. Yo dejé que se riesen a gusto y cuando terminé toda la activación, volví a mi lugar que estaba justo en el centro de la pista del polideportivo. En ese momento les dije: «Por algo habéis aprendido la respiración con conciencia, para ser vosotros mismos y no convertiros en títeres». Se hizo un tremendo silencio, todo el mundo se calló. Les pedí que se concentraran en la meditación. Siguieron en silencio y luego ya se fueron a sus casas.

Al día siguiente, cuando estaba a punto de empezar la clase, alguien preguntó si yo seguía enfadada con ellos. Les expliqué que yo no estaba enfadada con los alumnos sino con quienes estaban detrás de ellos. Me dijeron: «Ah, bueno, entonces ¿por qué nos has llamado *tigres*?». Me di cuenta entonces de que, con mi acento, medio catalán, medio irlandés, les había transmitido *títere* como *tigre*. Les tuve que aclarar lo ocurrido y toda la clase en coro suspiró con alivio. Me imaginé en ese momento a las mil seiscientas personas regresando a casa con la intriga de no saber por qué las había llamado, supuestamente, *tigres*. Tuvo su efecto, eso sí, a partir de ahí las brujas o meigas empezaron a respetarme, y también los alumnos. Entraban cada día en clase expectantes sobre lo que iba a pasar o qué les iba a transmitir. Realmente ni ellos entendieron cómo se pudo pasar del estado de risa histérica colectiva a la nada, al recogimiento de la energía. Claro, con toda la ayuda que tenemos de los de arriba, que logran que salgan las palabras perfectas en la situación que sea, ¡y todo se resuelve!

Por cierto, las meigas, a nivel multidimensional, se quedaron a tomar el curso zen, respetando la disciplina y sin necesidad de llamar la atención. Fue una fantástica experiencia nueva para todos, incluyendo mi propio equipo zen. El no reaccionar fue la clave para mantener la vibración en modo zen.

EL MEJOR REGALO RECIBIDO
(por Dulce Cuevas)

De pronto, me encontré con un nuevo libro en mis manos, *Atrévete a ser tu maestro,* regalo de mi hermana Tita. Lo miré y me pregunté quién sería su autora, Suzanne Powell, pues nunca había escuchado su nombre. Pensé que sería otro libro más para mi pila de autores, que había ido acumulando de aquí y de allá, fruto de lo que yo llamo mi turismo espiritual.

Jamás me imaginé que lo leería en dos tardes y, menos aún, que supondría un cambio tan grande en mi vida. El libro de Suzanne me llevó a explorar más sobre la técnica zen y los resets; despertó en mí tal pasión que llegué a organizar un curso en Ciudad de México para casi cinco mil personas, y posteriormente formé la Fundación Zentro de Amor, que representa a Suzanne Powell en México y Sudamérica.

Los testimonios que podría aportar son numerosos, pues en la fundación atendemos cada semana a un gran grupo de personas y somos testigos de los cambios sustanciales que se logran. Sin embargo, me limitaré a mencionar los más personales. El primero ocurrió cuando solo tenía la capacidad de dar el toque zen. Acababa prácticamente de terminar el curso y estaba ansiosa por ayudar en todos lados y comprobar la eficacia de la técnica. Un día me llamaron desde Mérida, donde vive Maru, otra de mis hermanas, y me dijeron que estaba muy grave. Inmediatamente me subí a un avión para ir a verla, y la encontré muy mal: pesaba apenas cuarenta y nueve kilos y tenía el vientre abultado, muy duro, como si estuviera embarazada de seis u ocho meses. Le hice el toque zen, haciendo énfasis en el estómago, con toda la intención de bajar ese vientre. Me fui a comer muy afligida, pues pensé que sería la última vez que la vería. Pero me equivoqué. Cuando regresé, la vi sentada en un sofá, sonriendo y con el vientre totalmente plano. Me contó que, apenas me fui, llegó una doctora, le apretó el estómago, y todo el líquido empezó salir. La propia doctora se sorprendió, no sabía qué estaba pasando. Después de una intervención quirúrgica, el diagnóstico de mi hermana, no obstante, seguía siendo terrible: cirrosis, cáncer, los órganos pegados con adherencias; no se pudo hacer gran cosa. A mi hermana la desahuciaron, no le daban más de un mes de vida, no podía ni comer. Con este panorama, me dediqué a darle toques zen todos los días para su bienestar. Tras una semana, le hicieron análisis y le pedí a uno de mis primos que los examinara. Al verlos, se sorprendió porque el resultado era increíble, por ningún lado aparecían las palabras cáncer, hígado graso ni adherencias.

Quiero decir que el diagnóstico negativo lo tuvimos mis otros hermanos y yo en las manos, y leímos exactamente lo mismo. Su doctor estaba visiblemente sorprendido y no pudo darnos una explicación ni información al respecto. Como ya no había una razón para retenerla en el hospital, ni papel en el expediente que certificara el terrible diagnóstico, la tuvo que dar de alta. Hoy, después de tres años, mi hermana está completamente saludable, come de todo y recuerda lo que vivió como algo sin importancia, para mí, en cambio, significó emoción y la reiteración de mi fe en la enseñanza.

Me he dado cuenta de que mi mejor conexión es en los hospitales. Fui a despedirme de una gran amiga enferma de cáncer de pulmón, de quien el doctor había dicho que no pasaría la noche. Ya estaba en coma. Recuerdo que su esposo me dijo: «Hazle lo que tú sabes». Para entonces, yo podía hacer resets, pero había tanta gente en el cuarto que me sentí cohibida, muchos estaban con el rosario en la mano y les expliqué que no tenía que ver con la religión. Le hice el toque de emergencia mucho rato y, de pronto, abrió los ojos. Aproveché ese momento para hacerle un reset. Le dije quién era yo y le pregunté si me reconocía, ella solo me apretó la mano. Le pregunté si tenía dolor y me apretó la mano nuevamente. Entendí que sí, y comencé a platicar con ella, que me contestaba en otro idioma. Le hablé de su infancia y un poco de su pasado, y después le dije que estábamos todos ahí. Así, se fueron acercando sus hijos (que ya tenían listo el ataúd) a hablarle. Con todo, el doctor les advirtió que no se hicieran ilusiones, porque de la noche no pasaba. Nos fuimos de ahí pensando que en cualquier momento nos llamarían para informarnos de su fallecimiento, pero la llamada no llegó. Regresamos al día siguiente y la encontramos sentada en su sillón, viendo muy entretenida un partido de fútbol y comiendo papas fritas. El doctor no podía explicárselo, no paraba de decir que aquello era increíble, porque él no se había equivocado en su diagnóstico. De no pasar la noche, duró ocho meses más y tuvo tiempo de arreglar sus asuntos pendientes.

Finalmente, el último y más reciente testimonio es de otra de mis hermanas. Ella pasó por situaciones muy difíciles porque se sometió a varias operaciones en la columna vertebral. Cada operación era dolorosa, pero gracias al toque zen y a los resets salía adelante. Cabe decir que, en un principio, ella era una persona totalmente ajena a todo esto, y cuando se lo di por primera vez, me miró con incredulidad, ¿en serio la ayudaría solo con un toque de manos? Fue el inicio de su despertar. Desde entonces, poco a poco se fue convenciendo, y a través del dolor que le causaban sus padecimientos, dejó atrás el escepticismo. Después, ya nunca se iba al quirófano si yo no estaba ahí para hacerle antes el toque zen. En una ocasión, la enfermera que la estaba cuidando me preguntó si podía hacerle lo mismo, ya que ella trabajaba con muchos pacientes, pero en mi hermana vio una actitud y avances sorprendentes. El más evidente fue que en su última operación, ya en el contexto de la pandemia, contrajo una infección que únicamente se da en hospitales y que le provocó una meningitis aguda. Su estado era muy grave y nos llamaron a todos los hermanos para que nos despidiéramos. Cuando yo entré, ella no reconocía absolutamente nada, estaba muy desesperada, se quería arrancar las vías que tenía puestas. Yo solo la quería calmar, así que le hice un toque de emergencia, pero seguía muy intranquila. Al ver que no lograba realmente calmarla, le dije: «Mira, hay alguien que ha venido a visitarte». Ella miró hacia la puerta y yo le puse enfrente la foto del fundador de la enseñanza; ella no lo conocía, sin embargo, cuando lo vio se soltó llorando, en su semiinconsciencia abrazó la foto, se la puso en el pecho y no la soltó. Se tranquilizó y se fue quedando dormida. Yo me despedí de ella, le di un beso y le agradecí. A partir de ese momento, sin que nadie se lo pudiera explicar, empezó a bajar la infección. Todos pensaban que ya no saldría del hospital, pero salió y estuvo en su casa dos meses, a lo largo de los cuales pudimos trabajar juntas todos los días.

Para mí, el libro *Vivir en paz, morir en paz* fue de mucho apoyo porque me ayudó a afrontar y a explicarle de una manera linda lo que pasaría inevitablemente; y que también para mí era sumamente doloroso. La lectura de este libro fue sanadora para las dos, ella ponía mucha atención y me leía los labios para no perder detalle, como deseando absorberlo todo. Empezó a comprender qué era la muerte y cómo la enfrentaría, se repetía constantemente «no volver atrás, seguir la luz». Antes de morir, le pregunté qué podía hacer para que se sintiera mejor, lo que fuera. Ella me tomó de las manos y me dijo: «Ya estoy en paz, déjame ir, quiero volver a casa», y se acostó a dormir. Regresó a su hogar y en el rostro tenía una sonrisa apacible.

Hoy me doy cuenta de que tengo muchísimos testimonios. Cuando Suzanne me pidió que escribiera algunos, confirmé nuevamente lo grandiosa que es esta técnica. Para mí, ha sido el mejor regalo que he recibido, además de la satisfacción de dar lo más importante: el mensaje de perdonar, aceptar y olvidar.

EQUÍVOCOS MUY ACERTADOS
(por Emilio Mendoza)

Quisiera compartir en estas líneas mi experiencia con un personaje fantástico que conocí hace ya casi diez años. Para mí ha sido muy especial encontrarme con Suzanne Powell, aunque he de confesar que llegué a ella y a sus cursos por pura casualidad (o no, si tenemos fe en la magia del Universo).

Hará unos veinte años o más, en mi afán por alimentarme bien y buscar qué tipo de comida contribuía a desarrollar nuestro cuerpo físico y nuestra mente de una manera más adecuada, hice una dieta disociada. El motivo principal era tratar de paliar un problema de alergias que desarrolló mi mujer, Carmen. Aprendíamos mirando etiquetas, quitando conservantes y colorantes, lo típico; pura curiosidad investigadora por librarnos de esa alergia. Por esa investigación llegamos a una mujer irlandesa, afincada por aquel entonces en Barcelona, que hablaba de alimentación. Comenzamos a ver sus videos y descubrimos que en ellos hablaba también de otras cosas; de cosas fantásticas como el reset colectivo y el trabajo de su equipo, la vivienda y los campos electromagnéticos, las líneas Hartman. Todos esos temas me resonaban porque soy arquitecto. Seguimos durante meses viendo muchas de sus conferencias, una amiga del trabajo y yo. Quedábamos para desayunar y comentábamos el video del karma, lo veíamos tres o cuatro veces, recuerdo también el de las adicciones y la psique, el del amor y el reset... montones de cosas fascinantes.

Un día, mi amiga Loreto me dijo que esa chica rubia, la irlandesa simpática de los videos, venía a Tenerife, ni más ni menos. Decidimos ir a la conferencia de alimentación que creíamos que daba. Era el mes de julio. Paralelamente, yo llevaba tres o cuatro años con piedras en el riñón y justo el fin de semana anterior a los tres días de la conferencia tenía programada una litotricia para eliminar las piedras. Como estaba también harto de fumar, decidí fumarme nueve cigarrillos de golpe antes de entrar a quirófano y dejar el tabaco para siempre. Así lo hice, ingresé y estuve en el hospital viernes, sábado y domingo. El lunes comenzaba la conferencia a la que iba con Loreto, supuestamente sobre alimentación consciente. Entramos al aula, muy aplicados con nuestras libretas y vemos a la famosa Suzanne Powell sobre el escenario. Cuál no sería nuestra sorpresa cuando nos damos cuenta de que no tenía ninguna intención de dar una conferencia. Resulta que estábamos en el curso zen de nivel uno, por equivocación. ¿Y ahora qué íbamos a hacer? Decidí escucharla antes de decidir nada. Así que me quedé, los tres días.

Al tercer día, yo tenía un mono horrible de tabaco, que había dejado el viernes anterior. Lo que ella decía en aquel escenario era muy bonito y quería quedarme a aprender, pero yo sentía que otro Emilio quería ir afuera a fumarse un cigarro. Mantuve una especie de diálogo interno conmigo mismo, para que mi amiga Loreto no pensase que me había vuelto loco. Me dije: «¿Quién es este otro Emilio, que me molesta en medio de un curso zen, empeñado en fumar un cigarrillo? Que no, que me dejes en paz, que vayas tú si quieres, yo paso», le decía mentalmente. En ese instante, me dio un vuelco el corazón y noté que algo de mí se iba por el pasillo para afuera y no volvía. Cuando acabó ese curso yo quise salir por otra puerta para no encontrarme con el Emilio fumador. Solo quería llegar a casa y contárselo todo a Carmen. Nunca más volví a fumar, curiosamente.

Un cúmulo de experiencias, lo del curso zen. Al cabo de unos meses, alrededor de las Navidades de ese mismo año, le comenté a Suzanne que si podía hacer algo para ayudarla. Me contestó muy rápida: «Emilio, ya que eres de Tenerife y conoces bien la isla, ¿por qué no organizas allí un curso zen? Toma, te doy mi teléfono». ¡Tenía su número de teléfono! Me puse tan nervioso que ese día no comí. Por la noche, todavía tenía la cabeza loca, todo me parecía una maravilla y no sabía qué hacer. Tardé poco en reunirme y empezar a buscar salas. Recuerdo que le mandé un WhatsApp superbreve, en el que le explicaba tímidamente: «Hola, Suzanne, creo que tengo una sala muy buena para el curso, pero no sé si te estoy molestando; perdona que te envíe un mensaje». Ese fue el día en que comencé a organizar los cursos zen en Tenerife, y así ha seguido siendo durante un montón de años.

Han sido más de nueve años montando cursos, así que son muchas las vivencias que hemos compartido, todo un proceso de aprendizaje personal que me ha enriquecido mucho. Cada evento es especial, sin embargo, recuerdo con especial cariño uno en particular, el curso del año 2014, que se celebró en Arafo. Una conocida nos había prometido el uso de una sala muy cómoda, con aforo para unas seiscientas personas, facilitado por el ayuntamiento de la localidad. Por diversas circunstancias, una vez que ya se había programado el curso, el auditorio prometido no pudo usarse, así que tuvimos que buscar una sede alternativa para las clases. Nos ofrecieron la posibilidad de realizarlo en las afueras del pueblo, en el terrero de lucha canaria, además de forma gratuita. Estos terreros son muy característicos de Canarias, edificios circulares parecidos a una plaza de toros con gradas alrededor, con el centro cubierto de arena. Una construcción muy singular, que poco a poco fui apreciando en su belleza: tenía forma de cilindro con una cubierta circular, era mágico, parecía un templo con aquella estructura hexagonal y la luz tan bonita que se filtraba.

Precisamente porque el suelo era arenoso, yo quería cubrirlo para comodidad de los alumnos. Intenté por todos los medios encontrar algo para tapar ese suelo y poder poner sillas encima; sin embargo, los presupuestos que me presentaban eran desorbitados. Así que estaba preocupado, y así se lo manifesté a Suzanne cuando ella me llamó desde Sudamérica para preguntarme por la marcha de los preparativos del curso. Su respuesta la recuerdo vívidamente: «Emilio, simplifica». En ese momento pensé que por qué no iban a poder estar los alumnos en la arena, lo mismo que si estuvieran en la playa tomando el sol, y que incluso podría quedar bonito. A partir de ese día, todo fue rodado. Quise incluso darle una chispa de humor a esta circunstancia, así que me fui a un centro comercial a comprar cincuenta pares de *cholas* (que es como llamamos aquí a las chanclas) para regalárselas a los primeros alumnos que llegasen el día de comienzo del curso.

Fueron días muy mágicos, había una energía fantástica y señales por todas partes de que, a pesar de las dificultades y obstáculos que nos habíamos encontrado para su organización, aquel curso era especial y tenía que celebrarse. Por ejemplo, no recuerdo haber visto nunca tantos orbes de luz en las fotografías que se hicieron durante las clases, eran de todos los tamaños. ¿Quién nos acompañaba? Curiosamente, en todo el tiempo de montaje de la sala, colocando sillas, preparando el suelo, ni mi equipo de ayudantes ni yo nos dimos cuenta de que había algo más allí al lado. ¡Teníamos el cementerio del pueblo a pocos metros! Además, fue un curso donde algunas personas no entendieron las normas y el segundo día se presentó más gente que el primer día, queriendo entrar en el aula en contra de nuestros protocolos. Un pequeño grupo de personas tenían tantas ganas de hacer el curso con Suzanne Powell, que finalmente decidieron escucharla desde los baños exteriores del recinto, que daban justo a la parte de atrás del escenario, por fuera.

Esos días se completaron con vivencias más allá de las horas de clase de cada nivel, experiencias que compartí con el fantástico equipo de ayudantes que habían viajado a Tenerife con Suzanne. Su fama, y el hecho de que estaba celebrando un curso en Arafo, pronto traspasaron las paredes del terrero y llegaron a oídos de los hosteleros del pueblo. Estos, ni cortos ni perezosos, y con buena visión empresarial, decidieron crear unas tapas especiales para ofrecer a sus nuevos y numerosos clientes esos días: «Tapas Suzanne Powell», cuyos ingredientes decidieron tras leerse sus libros sobre alimentación consciente.

Todos aprendimos mucho del curso de Arafo, el Universo nos pone las pruebas que necesitamos para evolucionar y nos rodea de la gente adecuada para superarlas. Es mi deseo poder seguir haciéndolo y compartiendo enseñanzas y vida con quien ahora es mi querida amiga Suzanne. Y pensar que apareció en mi vida, como quien dice, por error. Bendita equivocación.

VOLANDO CON SUZANNE POWELL
(*por Mónica Varea*)

Mi nombre es Mónica Varea de Reyes, vivo en Quito, Ecuador, y deseo compartir con ustedes la maravillosa y mágica forma en que conocí a Suzanne, que fue el inicio de una intensa relación y un magnífico trabajo.

Un día, tras recibir el resultado de una biopsia con una displasia leve, que me dejó intranquila, un amigo querido, Rosni Haro, me recomendó leer libros de Suzanne Powell. Seguí su recomendación. Empecé leyendo *El cáncer*. Literalmente, devoré el libro. Enseguida compré el segundo, *Atrévete a ser tu Maestro* que, igualmente, terminé más rápido que el anterior. La forma de escribir, sencilla, clara y amena de Suzanne, cautivó mi atención y me apresuré a comprar el tercer libro. Cuando empecé a disfrutar de *Conexión con el alma* le dije a Dios: «Cómo me gustaría conocer a esta maravillosa persona, que escribe desde el alma». Ella logró mi plena atención, además de influir en mi forma de pensar hacia un pensamiento positivo y de aportarme mucha tranquilidad.

Mi esposo y yo habíamos planificado un viaje a Europa, de modo que nos embarcamos en Quito, e hicimos una escala con cambio de avión en Guayaquil. Estaba arreglando nuestros libros en la mesita ya dentro del avión y escucho que alguien me dice algo sobre uno de los libros. Le pedí a mi esposo que respondiera a la señora que preguntaba algo sobre el libro, y lo señalé sin mirar a esa persona. Es una cosa que no hago nunca, por eso me incorporé al escuchar que se dirigía a mí, diciendo: «No, ese libro no, ese otro, YO SOY SUZANNE POWELL». Ya se podrán imaginar la emoción que sentí, pensaba que estaba soñando, había pedido a mi Dios unos días antes conocerla, y ella estaba allí, ¡junto a mí!

Soy muy efusiva, prácticamente me lancé a su cuello para abrazarla, ella que es *tan seria*. Pobrecita, debe de haber pensado que estaba loca. Nos hicimos grandes amigas durante el viaje, tan largo, en el que me permitió contarle prácticamente toda mi vida, y ella me comentó sobre sus viajes por el mundo enseñando los cursos zen. Le pedí encarecidamente que viniera a Quito a impartir uno; para ello me preparé y fui a Guadalajara para recibir el curso de una semana y, de esta manera, poder estar preparada para su venida. Mi deseo era que la mayor cantidad de personas se beneficien de su maravillosa dedicación y enseñanza. Dios, nuevamente, cumplió con darme lo que anhelaba mi corazón, llenamos la sala con ochocientas personas todos los días durante seis días.

El día en que Suzanne y su equipo estuvieron haciendo resets, no se pueden ni imaginar la cantidad de personas que vinieron a verla, tantas que nos asustó el hecho de no poder atenderlas, eran ríos de gente. Gracias a Dios, a la experiencia y aplomo de Suzanne y su equipo, todos fueron atendidos. Esta experiencia maravillosa e increíble ha marcado un hito en mi vida.

Emergencias

Siempre me ha gustado mucho volar. De niña pueblerina, subirme a un avión era como vivir una gran aventura, cuando iba a Londres a ver a mis abuelos. Aún recuerdo la emoción y los nervios. Ser azafata de vuelo era mi sueño de pequeña, pero lo que no sabía en aquel entonces era que mis vuelos iban a ser realmente frecuentes y de todo menos aburridos.

Cuando empecé a cruzar el Atlántico para presentar mis primeros libros, se abrió la posibilidad de impartir los cursos zen y participar en congresos, cosa que acepté con gran ilusión. Mi hija ya tenía diez años y podía estar con amigos durante una semana o diez días sin causarle mayor trajín en su rutina.

Lo primero que solía hacer al subir a bordo era ofrecer al sobrecargo mi ayuda como practicante del toque zen, por si la tripulación necesitara asistencia con algún enfermo o accidente a bordo. Les daba permiso para despertarme si se daba el caso. El toque de emergencia ha sido protagonista cuando he viajado, tanto en aviones como en trenes, metros, buses o coches. Se practica cuando ha pasado algo serio y con necesidad de llamar a un médico (infartos, desmayos, epilepsia, accidentes de tráfico, etcétera). Así que siempre me ofrezco, por si acaso. En un avión no siempre cuentan con un médico a bordo, así que manos a la obra cuando la situación lo requiere.

Los alumnos zen aprenden esta técnica el primer día de clase y alucinan. Sin embargo, cuando la practican se convierte en una herramienta muy valiosa para su vida. Hemos tenido muchos tripulantes de diferentes compañías aéreas que han tomado el curso y gracias a la herramienta del toque zen han podido resolver situaciones complicadas a bordo.

A continuación, detallo algunas experiencias extraordinarias que nunca olvidaré. Cuando confías y te dejas llevar, simplemente sabes que todo va a salir bien.

EMERGENCIA A BORDO

Después de un par de horas de vuelo rumbo a México, me había dormido y, de repente, una azafata me vino a buscar, pidiéndome perdón por despertarme. La azafata me explicó que necesitaba mi ayuda porque había una señora que se encontraba muy mal. Me acompañó hasta el fondo de un avión completamente lleno, hacía mucho calor, y me mostró una señora sentada en asiento de pasillo, acompañada de otra mujer. Su amiga me dijo que se había desmayado; de hecho, sus ojos estaban totalmente en blanco, no estaba consciente. Le puse la mano para hacer el toque zen de emergencia y la amiga, la otra señora que estaba con ella, comenzó a hacerme gestos y muecas, como queriendo decirme: «¿Tú eres Suzanne Powell?». Asentí en silencio. Ella empezó a sacudir la cabeza para mostrar su asombro e incredulidad al reconocer que era yo la que tenía enfrente. Señalándome a su amiga, desmayada, me dijo: «Ella es superfán tuya».

Continué con lo que estaba haciendo y, al poco rato, la señora abrió los ojos ligeramente, como si hubiera vuelto de un sueño muy profundo. Con ellos aún entrecerrados, empezó a mover la boca para decirme: «¡Eres Suzanne Powell! He pedido tantas veces al Universo poderte conocer en persona y nunca he podido coincidir contigo. Quería tomar tus cursos, pero no pude ir al final». No tuve más remedio que contestar: «Mira lo que pasa por tanto pedir al Universo, has tenido que desmayarte en un avión para poder conocerme». La mujer estaba muy agradecida y se recuperó del todo al cabo de unos minutos.

Mientras tanto, la azafata se había ido a buscar un poco de café para reanimarla. Cuando le trajo la bebida, no daba crédito a estar viendo a la señora hablar con total normalidad. Me quedé a charlar con las dos amigas durante un rato y les dije que cuando quisiesen podían estar en contacto conmigo para poder participar en un curso zen.

MI PRIMER TOQUE DE EMERGENCIA

Esto pasó hace muchos años en Barcelona. Yo iba en coche con mi compañero zen Miguel, conducíamos por la avenida del Paralelo. Esta es una calle con carriles de una sola dirección, en ambos sentidos y separados por una acera. Delante de nuestro coche iba un chico joven en moto. ¿Recordáis la época en que la moda era llevar el casco colgando del codo en lugar de bien colocado para proteger la cabeza? Bueno, pues eran esos años. En un momento dado, el chico perdió el control al írsele la rueda contra el bordillo de la acera de separación de carriles. Salió volando por encima de la moto, dando una voltereta en el aire. Su casco, evidentemente, también voló lejos, y la moto salió hacia otro lado, derrapando por el asfalto. Aún tengo el recuerdo vívido de haberlo visto todo suceder como en cámara lenta; el golpe que se llevó el chico fue tremendo.

Nos detuvimos de inmediato y, sin pensarlo, salí del coche y me dirigí hacia donde había aterrizado el chico. Me arrodillé a su lado para realizar el toque zen de emergencia. Tenía los ojos en blanco y no se movía en absoluto, parecía muerto. Por error, pues en la técnica zen el toque de emergencia se realiza con una sola mano, coloqué mi otra mano sobre su pecho, a la altura del corazón. Supongo que buscaba un signo de vida, su latido, pero no sentía nada. Comenzaba a arremolinarse gente a mi alrededor, los coches se habían detenido al ver lo sucedido, pero yo no veía nada: solamente al chico frente a mí, y seguía respirando y practicándole el toque de emergencia. Estaba como envuelta en una burbuja, ajena por completo al resto de la escena.

La mano que tenía sobre su pecho seguía sin notar nada, así que en mi cabeza yo solo era capaz de repetir: «Venga, vamos, vuelve, vuelve». En cierto modo, era como si la voz que yo oía en mi cabeza no fuese mía, pero seguía repitiendo mentalmente esa frase. Por fin, comencé a notar sus latidos, el corazón empezó a bombear de nuevo con fuerza y, a los pocos segundos, sus ojos se giraron a su posición normal y se me quedó mirando fijamente. ¿Sabéis cuáles fueron sus primeras palabras? «¡¡¿Y mi moto?!!», así con cierta furia.

Estaba descolocada con todo lo que había sucedido, en una especie de nube etérea, aunque su grito consiguió sacarme de ahí. Había estado tan enfocada en el chico, que no me había enterado exactamente de lo que ocurría en torno a mí. Me incorporé y, en ese momento, uno de los sanitarios de la ambulancia recién llegada al lugar del accidente me dijo: «Gracias, doctora». Asombrada, pensé: «Doctora, ¿yo?». Supongo que al verme ayudar al chico tendido en el suelo, que se levantó como si nada, habían dado por hecho que era médica.

Al llegar a donde estaba mi compañero, yo me miré las manos con asombro y le dije: «Dios mío, ¿qué nos han dado?». En ese preciso instante supe en lo más profundo de mi Ser que eso era lo que quería hacer el resto de mi vida: ayudar y prestar servicio con amor. Me di cuenta de que yo no era nada. Es más, hasta entonces me había dejado llevar mucho por el ego, tenía *titulitis* y acumulaba todas las especialidades imaginables. Ese día llegué a casa, descolgué todos mis títulos de la pared y los guardé para siempre en el fondo de un armario. Había comprendido que ya no me servían de nada, con la enseñanza zen tenía todo lo que necesitaba para poder ayudar a los demás.

Fue una experiencia maravillosa y una gran lección para empezar a domar el ego. Una buena colleja para ayudarme a despertar. Me cambió la vida para siempre.

VOLANDO CON TERRORISTAS

Durante años, he viajado mucho de un lado a otro, por todo el mundo, especialmente entre España y el Continente Americano. Acumulo montones de anécdotas divertidas, curiosas e incluso terroríficas, de tanto volar en avión. Una de las historias que más recuerdo a ese nivel fue un viaje de vuelta de Argentina. Estaba volando con una tripulación compuesta de algunos alumnos zen, y la sobrecargo era una buena amiga que me había puesto en primera clase. Al principio del viaje todo parecía transcurrir con normalidad.

Recuerdo que estaba en la parte delantera del avión, charlando con los compañeros de trabajo de mi amiga y, de repente, apareció un miembro de la tripulación para contarnos que había una señora que parecía un poco loca y que había visto demasiadas películas; se había fijado en unos señores, tres o cuatro, que estaban en asientos separados y que iban pasándose un ordenador portátil de uno a otro, lo que le pareció sospechoso. Los tripulantes estaban en plan risitas, no le daban realmente credibilidad a lo que estaban escuchando. Lo pasaron por alto, como una ocurrencia de una mujer histérica, sin considerar que encajase en el estado de alarma de un avión.

Yo regresé a mi asiento para acomodarme y pensaba aprovechar las largas horas de vuelo para descansar, hacer una meditación. Al poco tiempo, la sobrecargo se acercó y me dijo: «Suzanne, tenemos una situación a bordo. Ponte a meditar. Pide a todos los de arriba, a todas tus conexiones y contactos espirituales, a tu maestro, porque tenemos una emergencia a bordo bastante seria y tenemos que tomar medidas». Añadió que menos mal que la tripulación era zen, porque al fondo del avión había un autoconfesado agente de inteligencia que se había puesto histérico al reconocer a terroristas fichados en sus archivos. En ese momento no estaba de servicio, sino de vacaciones con su familia, con lo cual no podía intervenir y ponerla en riesgo. Mi amiga había podido comprobar los documentos y las fotografías que el hombre le mostró en su móvil. Información que apuntaba a que todo era cierto.

Él estaba muy alterado y lo atendían dos alumnas zen de la tripulación. Mientras tanto, les había alertado de la necesidad de apagar wifi a bordo porque, por lo visto, se utiliza para detonar bombas. Eso se hizo y, curiosamente, ninguno de esos pasajeros sospechosos reclamó wifi en todo el vuelo tras haberse apagado. ¿Qué podía hacer yo? Pues confiar, ponerme a meditar y olvidarme de la situación. ¿Qué haces? Te entregas a ella. Recuerdo que en ese momento pensé que no sabía si volvería a ver a mi hija. «¿Y si esto explota en el aire? Bueno, va a ser una muerte rápida. Mejor así que sabiendo que el avión está cayendo y esperando el impacto». Pensé que si ocurrían cosas como esta pues había que vivirlas, y si tocaba morir es que era mi momento; y si no, pues sobreviviría para contárselo a mi hija, a mis nietos y bisnietos, si se da la ocasión.

No recuerdo nada más: me puse a meditar no sé cuántas horas, como mínimo las tres cuartas partes del vuelo entre Argentina y Madrid. No sé dónde estaba, quizás desmantelando una bomba en otra dimensión. Solo recuerdo que cuando ya estábamos muy cerca de Madrid mi amiga me tocó el hombro para decirme que tenía que desayunar. Le contesté que no tenía hambre, a lo que ella respondió que ya llegábamos, para mi sorpresa. «Estás como una reina, has meditado gran parte del viaje y ni te has inmutado, ni movido o levantado para ir al baño, ni siquiera». Yo no daba crédito, para una vez que iba en primera clase había pensado en disfrutar de ese viaje y sus lujos, la comida, la comodidad, y estar viendo películas, entre meditación y meditación.

Finalmente, cuando llegamos ya estaban alertados en tierra de que estos señores formaban parte del pasaje. Todo se quedó en una anécdota, una experiencia, gracias a la ayuda que la tripulación zen le brindó a aquel hombre misterioso. De hecho, las dos azafatas en cuestión me comentaron tiempo después que ambas habían recibido un reconocimiento por haber atendido con calma esa situación; les escribieron para agradecer su templanza y saber estar en una situación alarmante; me sentí muy orgullosa de ellas.

En lugar de ver películas en el avión, en este vuelo viví la mía propia. Te hace recordar las películas de acción y cómo al verlas piensas que eso nunca te va a pasar a ti. ¡Pero sí que pasa! Eso forma parte de las experiencias que uno vive y no sabes cómo reaccionarás, solo cuando te pasa. Alguien te lo cuenta y dices: «Uy, yo en tu caso no sé lo que habría hecho». Si alguien me lo cuenta, yo no sabría cómo habría actuado, pero el hecho de que lo pasé me hace saberlo *a posteriori*. Aterricé feliz y pude continuar con mi vida.

TOQUE ZEN EN IKEA
(por alumna zen – Madrid)

Si puedes soñarlo, lo tienes en tu disco duro. Si quieres saber lo que en realidad deseas, observa lo que sueñas cuando sueñas despierto. Muy a menudo, me pregunto si esos «sueños» que tengo tan solo forman parte del mundo onírico o si, en realidad, son mensajes de nuestra alma, mensajes que nos guían para construir nuestro destino. Desde que recuerdo, siempre he sentido una atracción muy especial por la energía que emana de nuestro ser, y por temporadas he tenido un sueño recurrente, donde me veo «sanando» o ayudando a otros usando la energía que se irradia de mis manos. Quién me iba a decir que ciertos sueños se hacen realidad.

Hace tres años, una amiga me habló de Suzanne Powell, y he de confesar que en ese momento no sentí ninguna curiosidad por saber más acerca de ella, es más, no volví a escuchar nada más sobre ella. Pero hace muy poco tiempo, tres años después de haberlo escuchado por primera vez, comencé a ver el nombre de Suzanne Powell constantemente y me enteré de los resets que está realizando junto con su equipo. Así que un buen día, decidí acudir a que me hiciesen uno de esos reset. He de mencionar que me presenté allí sin tener muy claro de qué se trataba.

Ese mismo día, una colaboradora de Suzanne me habló del curso zen, preguntándome si me gustaría asistir. Una vez más, sin tener muy claro de qué se trataba, me dejé llevar y les dije que estaba interesada, así que me pusieron en una lista de espera. Hay algo curioso, y es que cada vez que estaba en contacto con temas relacionados con Suzanne Powell, veía constantemente el número treinta y tres, así que decidí tomarlo como una señal de que estaba haciendo lo correcto.

Me avisaron de que tenía plaza en el siguiente curso zen que se iba a realizar y completé la formación de dos fines de semana. Desde entonces, tengo la sensación de estar recordando y reconectando con algo que ya sabía. Ahora mismo estoy buscando las palabras para describir ese *algo*, pero no sé describir lo que siento, así que por el momento se queda solo dentro de mí, quizá con el tiempo consiga verbalizarlo y compartirlo con el mundo. He comenzado a practicar el toque zen con mi familia. Actualmente, por la situación que estamos viviendo, tengo poca vida social, así que, llegué a pensar que sería casi imposible hacer toque zen a alguien fuera de mi entorno familiar. Lo que no sabía, es que el Universo me tenía preparada una grata experiencia a tan solo unos días de haber concluido el curso.

Imaginad un sábado por la tarde en Ikea, con la tienda llena de clientes y con poco personal a quien acudir para resolver dudas. Después de dar unas cuantas vueltas sin encontrar lo que buscaba, me acerqué a una empleada para que me ayudara, ella se giró hacia mí y me contestó un tanto enfadada: «¿Me das un momento? Estoy atendiendo a otra persona». Cualquier otro día, me habría marchado pensando: «Vaya, qué borde». Sin embargo, ese día decidí esperar a que ella terminara lo que estaba haciendo. Cuando terminó de atender al otro cliente, se volvió hacia mí y yo me disculpé por haberla interrumpido, le dije que no me había dado cuenta de que estaba ocupada y que entendía que con tanta gente se encontrara tan estresada. Ella se llevó las manos a la cabeza y me dijo: «Es que tengo una migraña que no puedo más». En cuestión de segundos pensé: «¡Toque zen, toque zen!», pero no me atreví a ofrecérselo. Le di las gracias por haberme ayudado y continúe con mis compras.

Según me iba alejando de ella, en mi mente casi podía escuchar a Suzanne Powell decirme: *Just do it, just do it!*, así que pensé que si me la volvía a encontrar, esa sería la señal de que debía hacerle el toque zen. La verdad es que supuse que encontrarme con ella nuevamente sería casi imposible porque yo estaba a punto de irme. ¡Oh, sorpresa! Me volví a cruzar con ella: ahí estaba mi señal y esta vez no podía ignorarla por timidez ni por miedo. «Solo hazlo», oía de nuevo en mi cabeza. Sin darle más vueltas, me acerqué y le ofrecí mi ayuda, le expliqué que no podía garantizar que funcionaría, pero que, si funcionaba, la migraña desaparecería. Me miró extrañada y me dijo: «No, no, no hay problema, en cuanto llegue a casa me tomo una pastilla y se me pasa». No iba a darme tan fácilmente por vencida, así que con toda tranquilidad le comenté que no tardaría más de cinco minutos. Miró a su alrededor y me preguntó qué tenía que hacer. Mi respuesta fue: «Nada, tan solo cierra los ojos».

Me dispuse a hacer mi primer toque zen fuera de mi entorno familiar ni más ni menos que en un pasillo de Ikea. La chica se apoyó en una pared, cerró los ojos y le puse las manos. Sucedió todo tan rápido que no me di cuenta de que yo tenía las manos ocupadas, así que le pedí por señas a una de sus compañeras que me cogiera las bolsas que colgaban de mis brazos. Recuerdo que había mucha gente alrededor y que oía mucho ruido. Obviamente, la gente nos miraba y, aunque me resultaba incomodo, hice lo posible por ignorar esas miradas curiosas. Mientras tanto, su compañera permaneció cerca de nosotras todo el tiempo, mirándonos discretamente con gran curiosidad, colocando y recolocando lo que ya estaba colocado. Hubo un momento en el que deseé que la gente se marchara para que hubiera un poco más de tranquilidad y, como por arte de magia, así sucedió; poco a poco la zona se fue despejando y el nivel del ruido bajando.

No habían transcurrido aún los cinco minutos cuando, de repente, ella abrió los ojos y me dijo: «Ya está, ya está». Levanté mis manos, y estas fueron sus palabras: «Ha sido alucinante, ¡qué pasada! Por momentos sentía que se me iban las piernas, parecía como si estuviera levitando; el dolor de cabeza estaba aquí y después siguió por aquí —me explicó señalando zonas de su cabeza—. Y de repente se fue, ahora ya no me duele nada, se me ha quitado la migraña; me siento como flotando, me encuentro superrelajada». Su compañera se acercó y me preguntó si le había hecho Reiki. Le respondí que no, que le había hecho un toque zen, algo maravilloso que había aprendido de Suzanne Powell.

Esta experiencia para mí también ha sido alucinante y me ha abierto los ojos. Había llegado a pensar que el toque zen estaba surtiendo efecto en mi familia porque yo misma, de alguna manera, los predisponía. Pero esa tarde en Ikea no hubo predisposición, ella no sabía lo que era el toque zen, no sabía quién era Suzanne Powell, no me conocía de nada y, aun así, el toque zen funcionó perfectamente. Qué gran regalo para ambas.

El día que terminamos el curso, le di las gracias a Suzanne por haberse cruzado en mi camino. Lo que no le dije es que le agradezco también ser una gran maestra y ayudarme a recordar «eso» que aún no sé describir con palabras.

Gracias, gracias, gracias, Suzanne Powell. Gracias por siempre.

El toque mágico 

Nací con el don de la fertilidad, cosa que fui desarrollando con el paso de los años. De pequeña, tocaba la barriga de las mujeres para darles un bebé, con total naturalidad y sin que nadie de la familia le diese ninguna importancia. Llegó el día en que mi propia hermana, después de siete años intentando concebir sin éxito, y con cierta resistencia, finalmente cedió y me dijo: «Va, venga, hazlo, ponme la mano», mirando en otra dirección. Después de aquello llegaron cinco hijos, uno detrás de otro.

Cuando salí de mi tierra natal, me olvidé de esa peculiaridad mía hasta un día en un restaurante vegetariano de Barcelona. Allí, una camarera, admirando a mi propio bebé, expresó su profundo deseo de ser madre, pero me explicó que no conseguía quedarse embarazada. No pude resistirme. Le ofrecí mi toque mágico y fue rápido; en cuestión de un par de meses me dio la buena noticia. Corrió la voz y desde entonces por todo el mundo tengo muchos bebés mágicos y especiales. Algunos incluso se me parecen.

Obviamente, las parejas tienen que hacer su tarea y estar en edad fértil. Con el toque mágico se eliminan los bloqueos energéticos y bajan bebés especiales que desean tener padres que se aman y se cuidan mucho. En verdad, es una experiencia maravillosa ver la felicidad de los nuevos padres cuando, tras años de intentos fallidos, les llega ese bebé tan deseado y a veces imposible, según el pronóstico de los médicos.

Todo es posible. Si ellos han confiado en mí yo confío en el Universo. Nuestro encuentro tiene un propósito y yo solo soy la conductora que une ese Ser con los padres elegidos. Me siento como un hada madrina.

EL DOS POR UNO

Hablaba antes de aviones, y eso me recuerda otra anécdota que me ocurrió con un amigo piloto de Canarias. Como viajo tanto, tengo varios conocidos de aerolíneas, este se llama Guillermo. Sabía de mi toque mágico y que yo iba a estar en Tenerife próximamente, así que me pidió si podía hacérselo a su esposa. Él ya tenía dos hijos de su anterior matrimonio, tenían también una hija en común, y querían traerle un hermanito o hermanita para ampliar la familia.

Quedamos un día en el aeropuerto y le puse mis manos mágicas. Por lo visto, no resultó. Pasaron varios meses y, cuando regresé de nuevo a Tenerife, Guillermo me preguntó si le podía hacer otro toque mágico a su mujer. Le advertí: «Bueno, tú mismo, hay que tener cuidado; si yo ya le he hecho un toque mágico, que no vaya a pasar como les ha pasado a otras mujeres al repetírselo, que se han quedado embarazadas de gemelos». Él estaba tranquilo, confiado en que eso no les podía pasar a ellos, así que le volví a hacer el toque mágico a su mujer. No supe nada de ellos y me olvidé hasta que en las siguientes Navidades recibí una imagen de Guillermo con dos bebés en brazos y un pie de foto muy breve: «Te pasaste». Se convirtieron en familia muy numerosa, preciosa. Todavía seguimos en contacto y creo que se acuerda de mí muy a menudo.

LA FILA EQUIVOCADA

En otra ocasión, esta vez en Madrid, yo estaba en Ecocentro haciendo resets colectivos y también toques mágicos. Al final de esas sesiones, además de la fila de toques mágicos se forma a veces una fila para firmar libros. Había una señora que quería que le firmase uno de mis libros, pero se colocó en la cola equivocada, sin saberlo. Pasó por el toque mágico y luego se puso en la otra cola para esperar su turno a que yo le firmase un ejemplar. Todo esto ocurrió sin que yo me enterase de nada, como mucho pude haberla mirado y sospechar que quizás tenía una edad avanzada para buscar un bebé.

Meses después recibí un correo electrónico de esta señora en el que me explicó detalladamente lo que había ocurrido. No recuerdo las palabras exactas, pero pongamos que el texto decía algo así:

Querida Suzanne:

Te escribo para decirte que estoy embarazada de cinco meses. Acudí a Ecocentro y, al parecer, me coloqué en la fila equivocada. El caso es que tengo cincuenta y dos años y que yo solamente quería que me firmases un libro.

Muchas gracias.

No volví a saber nada de la mujer tras recibir el mensaje, pero he de suponer que está feliz con su bebé y que todo salió bien. Cosas inesperadas que a veces pasan.

UN BEBÉ TOCADO POR LA MAGIA
(por Emilia Ruiz)

Hace cuatro años hice el curso zen en Madrid en un momento de crisis y cambio en mi vida. El día que se podía ir a recibir un reset y el toque mágico me acerqué a una ayudante zen con cara de ángel de la guarda y le pregunté si era posible recibir un toque mágico a futuro, es decir, con antelación, para cuando llegase el momento más adelante. Aquel ángel zen me preguntó si tenía pareja y le dije que no, así que me dijo que lo sentía mucho, pero que yo debía esperar a tener pareja para recibir el toque. Recuerdo decirle, no sé por qué, que ya me habían hecho el reset, que lo necesitaba mucho, y ella me dijo con un dulce optimismo: «No te preocupes, la solución ya está en camino».

En aquel entonces, yo tenía treinta y seis años y comenzaba a notar la presión de la gente de mi entorno, que me decía: «Es que tú ya con la edad que tienes, mejor congélate los ovocitos». Eran conversaciones que me horrorizaban y estresaban bastante. Afortunadamente, cuando hice el curso zen me quedé en paz pensando que yo no tendría problema, que cuando llegara el momento, recibiría el toque mágico de Suzanne y listo. Estaba tranquila y convencida de que así sucedería cuando fuese correcto.

Pasaron unos meses y volví a encontrarme con ese ángel zen, por pura casualidad, a través de una publicación que hizo Suzanne en Instagram. Se llama Clara, es policía y vive en Menorca; contacté con ella y aproveché para darle las gracias por sus palabras aquel día de reset. Me habían ayudado mucho. Como había predicho, el tiempo pasó y, efectivamente, todo fue encauzándose en mi vida y, además, ¡ya tenía pareja! Había pasado un tiempo, pero me volví a acordar del ángel zen. Le escribí y le pregunté si sabía cómo podía ver a Suzanne para pedirle un toque mágico. Gracias a ella pude estar en contacto con Suzanne y conseguimos acordar un día, entre sus viajes y ocupada agenda, en el que me planté en Madrid desde Viena expresamente para el toque mágico.

Ocurrió a mediados de febrero de 2020, justo antes de que se desatara la locura de la pandemia y los confinamientos. Otra casualidad maravillosa del Universo.

Estuve en Madrid apenas veinticuatro horas y regresé a Viena sintiéndome ya la mujer más afortunada del mundo. Todo fue encajando de forma fácil y perfecta aquel día y en las semanas y meses posteriores. Recuerdo que aterricé en Madrid un sábado por la mañana, y fui directa a casa de Suzanne. Era un poco más temprano de la hora a la que habíamos quedado, así que la sorprendí sin haber terminado de prepararse. Ella me recibió en bata con toda la naturalidad del mundo, la esperé a que se arreglara mientras me daban unos estupendos rayos de sol sentada en su terraza. Me regaló su toque mágico y nos fuimos a desayunar a Ecoencuentro, un lugar igual de mágico que los toques de Suzanne, donde espontáneamente va apareciendo gente maravillosa que te hace pasar un rato como en casa y en familia y con comida deliciosa y sana.

Creo que no me hace falta mencionar que el bebé fue concebido a la primera sin ningún problema, con cuarenta años ya cumplidos. Además, estoy convencida de que es un bebé muy especial que desde el momento de su concepción ha empezado a traer regalos y magia, pues desde entonces han pasado cosas increíbles en mi vida. He soltado lastres que llevaba arrastrando, y han empezado a pasar cosas estupendas y mágicas. Por ejemplo, en mi trabajo, donde me han ofrecido un contrato con mejores condiciones que el anterior y además he cambiado de superiores y tengo buena relación con mi nueva jefa, cosa que no ocurría anteriormente.

El proceso de mi embarazo ha ido increíblemente bien. No tuve ninguna complicación, más bien al contrario, hasta mi médico estaba maravillado de lo sanos que estábamos tanto el bebé como yo. Ni siquiera tuve náuseas. El parto y la recuperación también fueron muy bien, me sentí una autentica enchufada cósmica. Durante el embarazo le iba contando a Suzanne cómo iba. Le dije que el bebé se movía mucho, que estaba muy sano. Ella me preguntó cuál era su nombre, así que le expliqué que había decidido llamarlo Melvin. Cuando estaba pensando en ese nombre, curiosamente, yo no estaba del todo segura de si le gustaría. Así que le pregunté, y él en ese momento se movió en mi barriga. Por volver a comprobarlo, lancé de nuevo la pregunta a mi bebé: «¿Estás seguro de que quieres ser Melvin?» y se volvió a mover con mucha fuerza, confirmándomelo. Cuando se lo conté a Suzanne, ella me comentó que tiene un amigo músico que se llama también Melvin, conocido como *Movin' Melvin Brown*… ¡Ahí va otra casualidad más en la cadena de casualidades!

Melvin nació el 30 de noviembre de 2020, justo nueve días antes de mi cuarenta y un cumpleaños; imposible pensar en un regalo mejor. Es un bebé sano, bueno, sonríe mucho y sus papás no podemos estar más felices y enamorados. ¡Gracias y más gracias, Suzanne! Infinitas gracias.

Nota de Suzanne: *Emilia, hermosa mujer, tras recibir el exitoso toque mágico, compartió conmigo mes a mes las fotos del embarazo, con mucha ilusión mientras su barriga iba creciendo. Gracias a la conexión con* *mi amiga Clara, la «poli zen», como yo la llamo cariñosamente, el sueño de Emilia pudo hacerse realidad. Ahora la amistad crece, a pesar de las distancias, y espero conocer a Melvin algún día en persona.*

EMBARAZO SOBRE RUEDAS
(por Patricia Barreda)

Mis rutinarios paseos entre los árboles de la casa de campo a menudo terminaban frente a una tiendecita de barrio en cuyo escaparate llamaban mi atención una especie de morteros de color dorado. Puede que fuese el encantador olor a incienso lo que me hizo un día decidirme a entrar y preguntar por aquellos objetos cuya utilidad desconocía. Ahí comenzó lo que yo considero ha sido mi camino hasta escribir estas líneas.

La dueña de aquella tiendecita me indicó que lo que tanto llamaba mi atención no eran ni más ni menos que unos cuencos tibetanos. Al preguntarle cuál me recomendaba, me respondió muy firmemente que sería el cuenco el que me elegiría a mí. No lo entendí, pero así fue. Unos meses más tarde volví a la tienda y solo uno sonó al intentar tocarlo, lo que para mí significó que el cuenco me había escogido. A partir de ese momento cosas sorprendentes e inimaginables empezaron a pasar. Yo solo me dejaba llevar.

En esa misma tienda, un día mencionaron algo sobre una tal *Susan Pauel*. ¿Quién será?, me pregunté. Y rápidamente San Google me indicó que lo primero que debía hacer era escribir bien su nombre. Seguidamente me informó que iba a dar un curso zen varios meses más tarde en Madrid. No me llamó mucho la atención el tema, pero cuando leí que hacía algo llamado TOQUE MÁGICO, que había ayudado a varias mujeres a conseguir el sueño de tener un bebé, supe que era una señal. Llevaba años buscándolo, sesiones de acupuntura, varios intentos en clínicas de fertilidad, y los médicos me habían dicho que por mi edad era prácticamente imposible conseguirlo, y menos de manera natural. No tiro la toalla fácilmente, pero todo se mostraba muy gris.

No es que confiara mucho en lo que había leído, aunque poco tenía que perder y mucho que ganar, así que allí estaba yo, un sábado soleado de mayo en una sala enorme escuchando la historias que contaba una rubia muy divertida sobre un escenario. No daba crédito cuando el primer día aquella irlandesa preguntó de dónde eran los asistentes. Había gente de muchos países, incluso de otros continentes. Mi desconfianza y yo pensamos que era todo un montaje, pero mi curiosidad me hizo quedarme a escuchar aquellos interesantes consejos sobre salud. En el curso también se hablaba de temas con los que yo no estaba familiarizada, me sentía un poco rara e incluso estuve por abandonar. Pensé «En qué berenjenales te metes. Vete». Pero mi mente repetía: «¿Y si es verdad que me ayuda a tener un bebé?». Seguro que intuís qué idea pudo más, ¿verdad?

Uno de esos días, Suzanne ofreció un toque mágico, y por supuesto me apunté. No noté nada de nada, aunque tampoco noté nada cuando hice alguno de los ejercicios en clase y aun así algo me hacía continuar. Creo que para entonces ya estaba enganchada a las lecciones de vida enseñadas por aquel ángel y las experiencias que allí se compartían. El curso terminó y todo siguió igual durante unos meses, hasta que un día Suzanne preguntó en un grupo de voluntarios zen si alguien estaba disponible para llevarla. No lo pensé dos veces, a la hora que indicó estaba esperándola en la puerta de Ecocentro sin perfume y sin ambientador en el coche, como siempre pide Suzanne.

En el trayecto a su casa le comenté que estaba buscando un bebé y que me había hecho un toque mágico, pero no había funcionado. Me miró fijamente, me tocó la barriga y me dijo: «PARA QUE VAYAS CONTANDO QUE TE HE EMBARAZADO CONDUCIENDO». No di demasiada importancia a esa frase, hasta que unas semanas más tarde casi no tuve que hacerme la prueba de embarazo porque sabía que aquel toque había supuesto un antes y un después en mi vida. Muchísimas gracias, Suzanne, nunca olvidaré aquel momento, como tampoco olvidaré la cara de mi bebe sanito que nació nueve meses después.

Cosas que pasan

Si en el contacto diario con personas que se acercan a pedir mi ayuda o consejos la magia envuelve cada encuentro, en los cursos zen todo parece expandirse más allá de lo imaginable. El drama en sí no está ausente y además enriquece la experiencia, aportando otros matices al grupo, y hace que lo aprendido se convierta en inolvidable.

Cuando uno sale de su zona de confort, ahí empieza el crecimiento y la automaestría necesarios para evolucionar. El ser humano recuerda con mayor facilidad aquellas situaciones más intensas de su vida y gracias a ellas descubre su verdadero potencial. A continuación, comparto momentos intensos que el equipo zen y yo vivimos a flor de piel y, mirando atrás, los recordamos con una sonrisa, ternura y asombro.

Yo creo que por muy frecuentes que sean las experiencias espectaculares, nos seguimos sorprendiendo igualmente. Ahora, al plasmarlas por escrito, las vuelvo a vivir con casi la misma sensación o emoción que sentí cuando pasaron. Cuando los compañeros zen nos juntamos siempre terminamos rememorando los cursos y lo maravilloso que es trabajar juntos con amor y pasión por lo que hacemos.

El Universo siempre nos regala justo aquello que necesitamos para animarnos a seguir dando nuestro servicio a quienes nos necesiten. Puede ser un abrazo de alguien especial, una comida rica, un llanto de gratitud, una rosa, un libro, o todas aquellas mágicas señales que a veces nos llueven por sorpresa.

En este libro no caben todas las experiencias vividas, pero aquí os dejo un pequeño aperitivo o tentempié. ¡En otra ocasión os ofreceré el banquete entero!

POR LOS PELOS

Estábamos en Isla Margarita, Venezuela, dando un curso con el que fue mi maestro en vida. Teníamos que pagar la sala donde se celebraba, pero nos habían recomendado no andar por ahí con dinero todo el día, así que esperamos al momento oportuno y dos voluntarios fueron al banco para sacar el dinero que se necesitaba. Se ve que los ladrones tenían un cómplice en el banco, porque en el camino de regreso en la furgoneta vieron que los seguía una moto con dos ocupantes, uno de ellos con una escopeta en la mano. Empezaron a pegarles tiros, hasta que consiguieron llegar al lugar donde se encontraba la sala. Este recinto era todo de cristales y, normalmente, la puerta de acceso siempre permanecía cerrada (desde afuera no se puede abrir). Nadie sabe por qué ni cómo, pero por fortuna para nuestros compañeros esa puerta se quedó ligeramente entreabierta aquel día. Entraron gritando, con acento isleño: «Al piso, al piso» (para que nos tirásemos al suelo). Lanzaron la bolsa con el dinero hacia donde yo estaba en el escenario. Yo la escondí bajo la mesa, entre mis piernas, sin saber muy bien qué hacer.

De repente, empezaron a escucharse las balas silbar de un lado a otro de la sala; se coló alguna que otra por la puerta, antes de cerrarla, disparadas por los ladrones desde la moto. Yo miraba a mi maestro, que permanecía impasible, como si nada. Le preguntaba con la mirada qué podíamos hacer y él con un gesto me tranquilizó, como diciendo que no pasaba nada. A un compañero llegó a alcanzarle uno de los disparos, aunque solamente le rozó un brazo, una herida superficial, un rasguño sin apenas sangre. Todavía asustado, le preguntó al maestro por qué le había pasado eso, y él le explicó que tenía karma pendiente con el ladrón, de otra vida. Recuerdo a su mujer intentando aclarar bien el asunto: «Pero, ya está pagado, ¿verdad?». Hubo ciertas risas tímidas, incluso.

Cuando salimos, vimos las marcas de las balas sobre la pared. Una experiencia inolvidable. Lo que más me impactó fue la templanza de mi maestro y la lección que nos dio sobre la protección que recibimos en el curso. Fortaleció todavía más mi confianza.

INTENTO DE ASESINATO EN MÉXICO

Aquella no fue la única vez en que me he encontrado en una situación de vida o muerte, incluso he llegado a recibir una amenaza directa. Ocurrió hace unos años en Chihuahua, México. Estábamos en un curso zen y todo parecía ir sobre ruedas. Yo estaba en plena clase, todavía me faltaba un cuarto del tiempo para terminar, y cuando llegó el momento de la activación energética de los alumnos, de repente, alrededor de una gran sala de unos seiscientos u ochocientos alumnos, empecé a ver como los compañeros zen de mi equipo estaban levantándose y acercándose unos a otros. Me pareció muy extraño porque normalmente no tienen ese tipo de comportamiento, cada uno tiene que seguir el protocolo de ayudante en clase y eso era algo totalmente irregular.

Yo me estaba inquietando un poquito y pensando que después de clase tendría unas palabras con ellos, ¡cómo podían estar levantándose y caminando por la sala justo en el momento en que yo iba a hacer la parte más importante de la clase! En ese momento hice caso omiso y procedí igualmente con la actividad. Terminé y luego nos pusimos a hacer la meditación. Antes de empezarla se habían acercado unos señores que yo no conocía, y se colocaron detrás de mí de pie. Yo no lo sabía, pero eran contratados de seguridad, vestidos de calle para no llamar la atención. Los veía y yo pensaba: «Uy, ¿estos quiénes son?». Yo no sabía si eran un peligro para mí. Estaban todos un tanto nerviosos y había otro señor jovencito a mi lado derecho, que no podía ni meditar. Era un alumno voluntario local y estaba muy agitado. Veía que iba haciendo señales a los otros detrás. Me limité a observar la escena en silencio, confiando en que todo estaría bien.

Entonces abrieron la puerta detrás de mí, pero yo pensaba que no podía meditar con la puerta abierta y que aquello era muy, muy extraño. Les hice un gesto y les dije que todavía me faltaban unos quince minutos de clase y que, por favor, la cerrasen. A regañadientes la cerraron y pude hacer la meditación. Cuando terminé, me estaba despidiendo de los asistentes y de repente se acercaron algunos alumnos que querían que les firmara libros y yo, como siempre me gusta ser atenta, pues se lo permití.

Pero mientras tanto se acercó el señor que estaba a mi lado derecho, me agarró del codo y me dijo:

—Suzanne, tenemos que salir de aquí. Te quieren matar.

Yo, con una media sonrisa, le respondí:

—No pasa nada, tenemos protección.

Pero él me insistía:

—No, Suzanne, tenemos que salir. —Intentaba hacerme reaccionar y entrar en razón.

—Bueno, un momento, déjame terminar de firmar tres o cuatro libros para atender a esta gente.

Si algo estaba pasando lo que no quería hacer era crear una situación de miedo e histeria colectiva ante esos alumnos que no sabían lo que ocurría. Intenté reaccionar con total naturalidad, como quitándole importancia. Les dije: «Bueno, mañana ya os firmaré más libros, buenas noches a todo el mundo, hasta luego».

Todavía me pregunto de dónde me salió esa templanza. Realmente solo pudo salir de la plena confianza en la protección.

Me sacaron casi en volandas y cuando estábamos afuera todos empiezan a gritar y decir que hay que volver adentro porque se había escapado por el otro lado el hombre que quería matarme. Otra vez en volandas me meten dentro, yo me medio sacudo, para hacer ver que no pasaba nada. Todavía quedaban algunas personas en la parte delantera de la sala, así que les pregunté si alguien más quería que le firmase el libro, disimulando como que no pasaba absolutamente nada. Me quedé sentada al borde del escenario, firmando libros con total naturalidad.

Había pasado el supuesto peligro, así que me sacaron de nuevo y me metieron en un coche. Al entrar les pregunté: «¿Qué está pasando? ¿Cómo tengo que reaccionar? ¿Me tengo que agachar, me tengo que esconder en el asiento?». Me dijeron que les parecía que ya habían pillado al chico que quería matarme, y que mis compañeras argentinas le iban a hacer un reset. Les respondí que entonces estaba en buenas manos y le quité mayor importancia. Eso sí, recuerdo perfectamente la situación y cómo yo les dije: «Oh vaya, nunca había tenido a nadie en este mundo que tuviese ganas de acabar con mi vida, esto es como en las películas». La sensación de la adrenalina corriendo por mi cuerpo y el imaginar que había un supuesto asesino que quería acabar con *la Powell* era una nueva experiencia para mí. Hasta me hizo cierta gracia. En ningún momento me imaginé que mi vida estaba en riesgo; todo pasa por algo y, como siempre digo, las circunstancias no son importantes, sino lo que tú eres en ellas.

Volvimos al hotel y, cuando regresaron mis chicas del equipo de Argentina, lo pudimos comentar con todo detalle y ellas me dieron su versión. Resulta que era un hombre que había venido desde lejos con su padre; el chico tenía un problema de esquizofrenia. Había visto muchos videos míos y tenía las miras puestas en tener una ayuda en el curso, una herramienta para tener la esperanza de recuperar una vida normal. O sea, que era alumno zen. Les pregunté cómo se habían enterado. Resulta que el joven voluntario que estaba a mi lado había ido al baño, mientras se estaban preparando para la activación, y allí escuchó a ese señor hablando por teléfono, encerrado en el baño, diciendo: «Cuando termine la clase voy a matar a Suzanne Powell». ¡De película total! Con lo cual el chiquillo salió nerviosísimo y es cuando empezó a hacer correr la voz entre mi equipo y por eso estaban comentando los unos a los otros, avisando del supuesto peligro.

Realmente el pobre señor estaba enfermo; a nivel multidimensional estaba muy infectado de la otra dimensión. Pero después del reset, el chico se recuperó, se normalizó. Eso fue el final de primer nivel y cuando íbamos a hacer segundo nivel él pidió permiso para venir a clase y participar en el curso. Dije que por supuesto que sí. Pero

¿sabes lo que es estar en clase sabiendo que ahí al fondo del aula hay un señor que pocos días atrás tenía ganas de matarme? Pongo un poco de drama (y siempre con humor).

Patricia Pentecoste, del equipo de Argentina, cuyo testimonio se recoge también en este libro, fue la compañera que le hizo el reset. Luego se recuperó y fue maravilloso. Eso sí, un compañero del equipo más alguien de seguridad estaban a su lado durante todas las sesiones de segundo nivel, para su seguridad, la seguridad de la clase y la mía, por si acaso le diera otro ataque de esquizofrenia. De hecho, como en ese curso hicimos una labor en una cárcel, en la prisión en Chihuahua, nos ofrecimos a aportar ayuda a los internos y pedimos a la clase del curso zen que trajesen ropa interior y calcetines y zapatillas deportivas lo más nuevas posible. Realmente la clase respondió exageradamente bien, llenando bolsas y bolsas de ropa. Este señor en cuestión fue uno de los mayores voluntarios para ayudar a cargar el camión que luego llevaron a la cárcel con todas esas provisiones que habían aportado los alumnos de clase, con lo cual nos sentimos muy orgullosos de él. Su padre nos felicitó, nos dio mil gracias y pidió mil perdones, pero él sabía que nosotros comprenderíamos la situación por la información que tenemos al respecto de este tipo de enfermedades.

Este alumno tuvo entonces la oportunidad de recuperar su vida, y comprender realmente qué es lo que le había pasado, utilizando la herramienta del curso zen: respiración consciente y meditación. Fue una experiencia extraordinaria… Ojo, no es que tenga muchas ganas de repetirla, con una vez en la vida es suficiente. Pensar que alguien que estaba en la clase me quería matar es algo que no olvidaré nunca; es una situación que realmente parece de película. Aunque, bueno, la verdad es que mi vida a veces es de película. Bastante surrealista. La realidad supera a la ficción, como se suele decir.

UN LIBRO MÁGICO

Hace ya bastantes años, cuando vivía en Barcelona, impartí una vez un curso zen en una residencia de ancianos. Los alumnos estaban allí para pasar los últimos meses o años de su vida. No os podéis imaginar la que liamos al transmitirles la enseñanza zen.

Resultaron ser buenísimos practicantes. Para cualquier cosa que yo pedía un voluntario, se ofrecían todos en coro. Había una, la más lúcida, que hizo de secretaria para el resto. En aquel entonces no había Internet, así que al tener mayor claridad mental y mejor memoria, tomaba apuntes para todo el mundo. Yo tenía cierto miedo a que no recordasen las lecciones, pero no por ello di el contenido de manera distinta a cualquier otro grupo, lo impartí todo. Eso sí, al final del curso les dije: «Si no os acordáis de nada, podéis simplificar, usando chacra siete y mano en local para todo». Aún resuena en mi cabeza el coro de suspiros de alivio que soltaron aquellos ancianos.

Como digo, se convirtieron en alumnos muy aplicados. De vuelta a su vida tras el curso zen, a la hora de reunirse en la sala para ver la televisión, la señora que había hecho de secretaria llevaba una campanilla que tocaba, diciendo: «Es la hora de la meditación», y me imitaba pidiéndoles que cerrasen los ojos, colocasen las manos... Aquel grupo no hacía una o dos meditaciones al día, sino que adoptaron la costumbre de hacer cinco o seis. Además, cuando uno de ellos se ponía enfermo, todos los demás iban corriendo a ayudar. Cuando otro medio agonizaba, todos corriendo a hacerle el toque de emergencia. Surgió un problema: nadie se moría. Estaban todos felices, libres de depresión, bien atendidos. Venían los nietos a visitarlos y los abuelos les preguntaban qué les dolía para poder ayudarlos con el toque zen. Daba igual que les dijesen que nada, les mandaban cerrar los ojos y se lo hacían de todos modos. Eran muy conscientes.

Pasó algo extraordinariamente mágico en ese curso. Nos coincidió el día de San Jordi a mitad del curso, el 23 de abril. El día de la rosa y del libro en Cataluña. Yo iba al curso con dos amigas y un adorable compañero nuestro, Mario, un chico un poco bohemio, con la cabeza en las nubes por aquel entonces, siempre con mal de amores. Yo había soñado en varias ocasiones que Mario tenía que leer el libro de *El caballero de la armadura oxidada*, pero él ni caso, daba igual que le insistiera. Ese día llegamos al asilo y, para nuestra sorpresa, los alumnos tenían preparadas para las chicas una rosa para cada una. Y a Mario le entregaron un libro envuelto en papel de regalo: adivinad cuál. ¿Cómo es posible que de los billones de libros que se han publicado en el mundo, aquellos abuelitos supieran que Mario necesitaba leer ese precisamente? Y eso que se supone que están más allá que acá. Yo alucinaba en colores. Para más inri, la novia de Mario le regaló ese mismo libro al llegar a casa esa noche. Cuando finalmente se lo leyó, admitió que entendía por qué tenía que leerlo.

Me impactó mucho, fue una gran lección. No se puede juzgar. Aquellos ancianos tenían que recibir la clase con todas las lecciones completas igual que en cualquier otro grupo. Quizás recibieron la enseñanza más en otro nivel que en este plano. Meses más tarde contacté con la directora de la residencia, a ver qué tal les iba. «No sabes qué bien —me contestó—, si me duele la cabeza, ya vienen corriendo todos a hacerme el toque zen». Me confesó que la buena salud de los ancianos, irónicamente, causaba un problema porque la estancia de los residentes costaba mucho dinero a las familias y, claro, vivían más tiempo y con mejor calidad de vida. Los familiares estaban extrañados de que aguantasen tanto porque quizás contaban con un presupuesto limitado, pensando que el abuelito o el padre no duraría mucho, y que ya estaba en las últimas. Sin embargo, los abuelos cada vez estaban mejor de salud. Y como, además, estaban tan felices con sus amigos de la residencia, pues tampoco se querían ir a casa, tenían muy buen rollo entre todos y eso contribuía a su bienestar.

Casi los convertimos en *zentenarios*. Las anécdotas de este curso tan especial para mí las cuento casi siempre en clase por la gran lección de humildad que recibí. Confié en que iba a ser viable darles todas las lecciones y ellos lo demostraron con creces. ¡Todo es posible!

ABRAZOS MULTIDIMENSIONALES

De uno de mis cursos en Madrid, recuerdo con muchísima ternura y cariño a un alumno muy especial, un chico con síndrome de Down que estaba tomando el curso con su hermana. Se llama Joaquín y por aquel entonces tendría unos veinticinco años.

Era un alumno muy participativo, mostrando siempre una gran sonrisa, asintiendo con la cabeza a todas mis explicaciones durante las lecciones. En segundo nivel, cuando yo ya les había presentado la imagen del Señor Fundador, con su foto en la mesa sobre el escenario, Joaquín levantó la mano. Se sentaba en primera fila, así que yo podía ver con qué efusividad la agitaba, pidiendo poder hablar por el micrófono. Finalmente, se lo dimos y me dijo: «El señor de la foto ha salido de la foto y me ha presentado a otro señor que tú llamabas *el maestro*; él me ha contado muchas cosas sobre tu vida y me ha pedido que, de su parte, yo te dé un abrazo con todo su amor». Automáticamente se levantó para subir al escenario, e hizo el trayecto con los brazos abiertos y diciendo a viva voz: «Suzanne, te amo, te amo con todo mi corazón».

Subió al escenario, nos fundimos en un abrazo enorme y luego se retiró para volver a su sitio. Al ver ese abrazo, toda la clase de casi mil alumnos se puso a aplaudir con un cariño tremendo. Muchos de ellos se emocionaron, y pude ver cómo se les caían las lágrimas. Qué mejor filtro, qué mejor alumno para escoger que Joaquín. Mi maestro en vida ya había fallecido años atrás y quiso transmitirme un mensaje de amor a través de esa alma inocente. Yo siempre he estado muy agradecida por ese gesto.

Joaquín me esperaba después de clase y me decía que me quería dar otro abrazo. Así los tres días, nos teníamos un cariño infinito, una conexión especial. De hecho, cuando hacíamos los resets colectivos en Ecocentro, en Madrid, un día los padres de Joaquín decidieron traerle de sorpresa a recibir el reset y para que pudiera saludarme de nuevo. Me contaron más tarde que le habían sacado de casa sin decirle nada sobre a dónde lo llevaban; curiosamente, Joaquín, a mitad del viaje, les soltó: «Yo ya sé a dónde vamos, a ver a Suzanne Powell». Cuando le preguntaron cómo lo sabía, él respondió con toda tranquilidad: «Es que me lo ha dicho el señor de la foto». Buenísimo.

Hubo un tercer encuentro con Joaquín, cuando vino a la presentación de uno de mis libros en la Casa del Libro en Madrid. Su hermana se acercó a charlar conmigo y me dijo que no me hacía una idea de lo buenísimo alumno que es Joaquín, pues a todo el que veía, le hacía el toque zen. Él mismo me explicó: «Suzanne, yo quiero ayudarte mucho, mucho, con los toques zen porque así no tendrás tanto trabajo». Imaginaos el amor, el cariño, los abrazos que compartimos. Lo animé a seguir ayudándome mucho, pues haciendo lo que él hacía estaba ayudando a muchísima gente. Le comenté que era un gran ejemplo para todos los alumnos. Joaquín comprendió perfectamente las lecciones de esta enseñanza. Me encantaría volver a encontrarme con él, y así lanzo el deseo al Universo. Sus abrazos son una caricia para el alma.

Hubo otro caso con una mujer joven con síndrome de Down, que recuerdo con emoción. Yo estaba con mis padres en un hotel de Santa Pola, porque estaba impartiendo un curso zen en Alicante. Ofrecí un reset colectivo y toques mágicos en la playa delante del hotel para el público en general, y recuerdo que al terminar ya había oscurecido; la gente disfrutaba de sus paseos al atardecer, del aire fresco de la playa. De la nada, apareció esta chica con síndrome de Down. Me vio, se lanzó a mí y me agarró, abrazándome muy fuerte por la cintura. No me soltaba ni me hablaba, solo se agarró como una lapa. Su madre se acercó pidiéndole que me dejara tranquila. Pero ella sacudía la cabeza y no me dejaba. Le dije a su madre que no se preocupara, que se podía quedar así tanto tiempo como necesitara.

Entretanto, su madre y yo nos pusimos a charlar. Le ofrecí un reset y me lo agradeció muchísimo. Me empezó a contar que tenía un tumor cerebral y que los médicos habían dicho que no podían hacer nada por ella, así que estaba muy esperanzada porque yo le hiciera un reset y le tocase la cabeza. «No te preocupes —le dije— cuando tu hija me suelte, te voy a ayudar». En ese instante, la chica me soltó y me sonrió con una cara superiluminada, como diciéndome: «Yo quise llamar tu atención para que tú pudieses ayudar a mi madre». No habló realmente, solo me sonrió con el alma y me regaló un último abrazo de gratitud.

Es curioso cómo supo llamar mi atención para que su madre y yo pudiéramos tener esa conversación y así la ayudara. Son personas muy sensitivas. Cuando aprenden el curso zen, tienen esa sensibilidad y esa inocencia de su niño interior que les hace conectar con su Ser más fácilmente.

EL SEÑOR DE LA FOTO

Ya he contado en muchas ocasiones cómo en los cursos de Sevilla siempre surgen anécdotas de todo tipo. En este caso una muy bonita, con una señora que tuvo un «encuentro» con el fundador de nuestra enseñanza, que falleció en 1924.

Suelo preguntar al comienzo de mis clases si los alumnos tienen alguna experiencia que contarnos sobre las meditaciones que hacen en su casa el día anterior. Al hacerlo, una señora de mediana edad levantó la mano y nos contó lo que le había pasado en su casa la noche anterior. Ella quería ayuda para poner la mente en blanco y no pensar tanto, así que se lo pidió directamente a Dios, ya que era muy creyente. Cerró los ojos, realizó la respiración consciente y, de repente, le ocurrió algo inesperado. «El señor de la foto se me puso delante y me dijo: *Mire usted, yo soy el responsable de esta enseñanza, así que si necesita ayuda me la puede pedir a mí, no hace falta que moleste a Dios*». Nos lo contó tal cual, con espontaneidad y sencillez.

Esta mujer era una vendedora de pescado del mercado, muy graciosa, muy sencilla. Me preguntó si era correcto lo que había hecho, para pasmo del resto de alumnos, que estaban con la boca abierta. Ella había explicado una cosa muy simple que le había pasado, y los otros lo interpretaron como una gran experiencia mística. Lo contó como si estuviera vendiendo un kilo de bacalao, con total naturalidad. Nos tenemos que preguntar por qué le paso eso a ella y no a otro. Claro está, por su humildad, porque no buscaba nada. Por su sencillez pudo tener una visión del Señor Fundador, que se le presentó como si fuera físicamente delante de sus ojos.

¿Cómo lo vio? Con su tercer ojo. Él se materializó para pasarle ese mensaje. También para que lo pudiese transmitir en clase al día siguiente. Gran lección, la humildad. Si tú buscas algo, buscas experiencias místicas, las bloqueas. Cuando no hay expectativas y te entregas a la experiencia con sencillez y humildad, las cosas pasan. Es más, tal y como pasó, lo vivió con total naturalidad, y no con aire místico. A ella no le dio miedo que «el señor de la foto» se le pusiera delante.

EL UBER ARTISTA

En cierta ocasión, estaba de viaje con tres compañeras argentinas para un curso zen; se trataba de Patricia Pentecoste, y de sus colaboradoras Norma y Graciela. A nuestra llegada a Buenos Aires teníamos que pedir un taxi para acercarnos al hotel y a la casa de las compañeras. Se les ocurrió pedir un Uber, como nueva experiencia.

Para nuestra sorpresa, llegó un coche muy pequeñito para llevarnos a las cuatro con nuestras maletas. Viendo el coche, lo primero que pensamos es que no íbamos a caber. Sin embargo, el conductor insistió mucho en que no habría ningún problema y que le dejásemos acomodarnos. Nos colocamos como pudimos en el coche; yo me senté en la parte de delante, junto al conductor. Una vez en marcha, el taxista Uber me pidió que echase un vistazo a un libro que me puso sobre el regazo. Era un libro de arte, y por lo visto eran obras suyas. Mi primera impresión fue que el pobre señor no sabía demasiado y que quizás le había hecho ilusión recopilar sus obras en un libro. Lo hojeé un rato y le comenté que me parecía bonito, aunque las imágenes eran bastante simples y un poco abstractas.

Se lo pasé a mis tres compañeras, en la parte de atrás del coche. Las escuchaba divertidas, riéndose por lo bajo como tres colegialas. Se nos ocurrió proponerle al señor hacer una exposición en el hotel *boutique* de un amigo que se llama Nick. Se lo mencioné al conductor y él comentó que ya había expuesto varias veces ahí, para nuestra sorpresa. Nos quedamos calladas.

Cuando llegué al hotel, al entrar en la recepción, me dijeron que mi habitación aún no estaba preparada, por lo que tenía tiempo para llamar a mi amigo Nick y comentarle el asunto del coche. Él me dijo, muy asombrado: «Pero ¿qué hace Alejandro Avakian llevando un Uber? Es un gran artista muy reconocido, sus obras se venden por mucho dinero alrededor del mundo». Yo me quedé con la boca más que abierta, y les mandé un mensaje a las chicas para avisarlas de que el conductor Uber era en verdad famoso y que había sido un honor ir en el coche con él.

Nick, ni corto ni perezoso, llamó rápidamente a Alejandro para preguntarle qué hacía llevando un Uber. Para su sorpresa, le contestó que sacaba el coche cuando quería recibir inspiración para sus nuevas obras, que lo hacía por placer y no como un trabajo.

Pocos días más tarde llegó la guinda del pastel. Nick nos había invitado a una comida en su hotel con un grupo de personas que él consideraba muy importantes y especiales en su vida, algunos muy influyentes en sus profesiones. Estaba allí buscando un sitio donde acomodarme y, a la vez, recibiendo y saludando a esas personas puesto que Nick quería que les diese más tarde una charla. Imaginaos mi sorpresa cuando veo pasar por la puerta a nuestro conductor Uber artista. Nos dimos un gran abrazo y el Universo seguramente se rio a carcajadas de ese encuentro mágico.

Yo me pregunto: con los miles y miles de Uber que puede haber en circulación en Buenos Aires en cualquier momento, ¿cómo pudo ser que tuviéramos esa mágica conexión con ese artista que justo dio con nosotras? Hicimos una buena amistad y la mantenemos, acordándonos de ese momento tan mágico y especial, tan divertido. Gracias al Universo por darnos esos momentos inolvidables.

HERMANAS CÓSMICAS
(por Manoli Navarro)

A lo largo de tantos años compartiendo cursos y viajes con Suzanne las vivencias se acumulan, los recuerdos se confunden, así que me ha costado decidirme sobre qué contar exactamente. Ella es igual de divertida en el escenario que a nivel personal, hemos pasado ratos muy buenos juntas. Son mil y una las anécdotas que podría contaros, pero no sé si todas ellas son material publicable, *ji ji ji*.

Me quedo con una ocurrida en el verano de 2015 durante un curso zen que se organizó en La Palma (en las Islas Canarias). En ese curso, la mayoría de los asistentes eran parte de la comunidad *hippie* de la isla, llevaban un estilo de vida bastante alternativo que también se veía a la legua en su aspecto externo, muy desenfadado (incluso muchos acudieron descalzos al curso, con lo que cariñosamente pasamos a llamarlos *la tribu de los pies negros*). A esto añadimos que, de manera generalizada, les gustaba fumar porros. El primer día uno de los alumnos le preguntó a Suzanne qué opinaba ella de la marihuana, con lo cual Suzanne se explayó a gusto y les contó en detalle todos los efectos secundarios adversos de semejante consumo. Vimos que muchos de los alumnos salían de clase llevándose las manos a la cabeza, como diciendo: «Qué aberración, se ha atrevido a meterse con la planta sagrada». Bueno, al día siguiente, ¡la mitad de la sala estaba vacía! Se puede decir que, ante la disyuntiva, un porcentaje significativo de la clase eligió los porros antes que el zen.

Coincidió que durante este curso eran nuestros cumpleaños, el mío y el de Suzanne. El mío coincidió con los días de descanso entre nivel uno y nivel dos, y Joanna nos preparó una fiesta sorpresa. El grupo de trabajo había alquilado dos casas donde convivíamos todos los compañeros zen; en una de ellas se preparó el evento. Estaban allí hinchando los globos, terminando de desplegar todos los adornos, y Suzanne se quedó con mi hermana Loli entreteniéndome en la otra casa. Por pasar el rato, Suzanne comenzó a hacerme fotos con el móvil y me mostró que yo tenía una luz en la garganta y otra que caía desde la oreja, como colgando un poco. Recuerdo que ella me dijo: «Esto es un regalo del Universo, quizás después se te materialice».

No le di más importancia. Pero cuando llegó la hora de los regalos y comencé a abrir paquetes, adivinad qué es lo que contenía la caja con el regalo de Suzanne: un colgante que me quedaba justo en esa parte donde se veía la luz sobre mi garganta, y unos pendientes de amatista que colgaban un poquito de la oreja y brillaban. Fue muy curioso y mágico.

Atesoro este recuerdo en mi memoria y guardo también una fotografía con un significado muy profundo, más allá de la imagen. Aparecemos las tres mostrando la tarta de cumpleaños; yo estaba en el centro, con una corona de flores de plástico en la cabeza, y por encima de mí se veía en el cielo nocturno al planeta Venus, superbrillante. A ambos lados tenía a dos personas muy importantes en mi vida: a mi derecha Loli, mi hermana terrenal, y a mi izquierda Suzanne, mi hermanita cósmica.

Nota de Suzanne: Manoli, amiga del alma, confidente, compañera de viajes y cursos zen. Su humildad la convierte en una adorable persona y gran ser humano. Es sencilla, humilde y divertida. La considero otro tesoro en mi vida y, además, es muy querida también por mi hija Joanna, que la llama su segunda madre. Son muchos años compartiendo, y los muchos más que nos esperan para seguir disfrutando juntas.

MIL RISAS COMPARTIDAS
(por Patricia Pentecoste)

Conozco a Suzanne desde hace muchos años y soy su estrecha colaboradora en Latinoamérica y organizadora de cursos en Argentina. Juntas, hemos viajado por todo el continente americano, visitado muchos países (algunos en repetidas ocasiones), y colaborado en docenas de cursos zen con audiencias que van de cientos a miles de alumnos. A lo largo de todo este tiempo, son incontables las anécdotas que hemos incorporado a nuestro repertorio, innumerables las aventuras y peripecias vividas, por lo que me resulta difícil decidir cuáles de ellas compartir aquí. Creo que, por encima de todo, si algo destaca de Suzanne es su eterno sentido del humor, con el que salpica las importantes lecciones de sus cursos y que despliega, en todo su esplendor, en su vida privada. Nos hemos reído muchísimo, juntas, y con el resto de los compañeros zen que nos acompañan en los viajes; se me vienen a la memoria momentos increíblemente divertidos.

Precisamente uno de ellos tuvo lugar en Ecuador, donde nos hospedábamos en un hotel Hilton. Estábamos un día en el ascensor y al poner la tarjeta para poder subir al piso de nuestras habitaciones nos dimos cuenta de que estaba desmagnetizada. Entonces, Suzanne agarra la tarjeta, hace un juego de manos, moviéndola en espiral sobre su cabeza, y luego se la pasa por el cuerpo de abajo hacia arriba. Todo con cara de «vais a ver cómo hago magia». Resulta que a continuación pone la tarjeta sobre el interruptor del ascensor, ¡y se había magnetizado! No puedo explicar el ataque de risa de todos los que estábamos allí, que nos quedamos asombradísimos.

Desde entonces, cada vez que se nos desmagnetizaba la tarjeta, hacíamos exactamente lo mismo que habíamos visto hacer a Suzanne: un juego en el aire con la mano, revoloteando con la tarjeta, la pasábamos por el cuerpo de abajo hacia arriba, poníamos la tarjeta en los interruptores y descubríamos que funcionaba de nuevo. Hasta tal punto que un día una señora que venía con nosotros en el ascensor nos contó que le pasaba lo mismo, no le funcionaba porque estaba desmagnetizada. Sin cortarse un pelo, Suzanne le quitó la tarjeta de la mano, le pidió permiso para hacer su truco y, sin que la señora viese del todo lo que hizo, se la devolvió y para su asombro funcionaba y pudo subir a su piso. Todos lo probábamos, era una risa continua, cada vez que se desmagnetizaba una tarjeta en lugar de acudir a la recepción repetíamos el ritual de Suzanne, y siempre funcionaba, se magnetizaba.

Tal era nuestra fe en esto que un día vimos a nuestro compañero Javier muerto de risa en el desayuno. Nos contó que quiso abrir su teléfono móvil con la huella digital y no funcionaba. Entonces, pensó en el truco de Suzanne para la tarjeta y decidió hacer lo mismo con su dedo, el que usaba para la huella digital. Agitó el dedo en el aire, lo pasó por el cuerpo, y automáticamente el móvil aceptó la huella y pudo abrirlo. Un día, en otro hotel totalmente diferente, Manuela, Norma y yo íbamos hacia la habitación que compartíamos. Normita va a poner la tarjeta para abrir la puerta del dormitorio y no funciona. Recordó aquel curso de Ecuador y decidió poner a prueba el famoso ritual. Lo hizo y también funcionó, ¡hasta tengo un video del momento!

También en Ecuador tengo guardada una anécdota sobre lo mucho que le gusta a Suzanne jugar con las palabras, es una malabarista de los dobles significados y tremendamente rápida para sacarle humor a cualquier conversación. Nos encontrábamos en las islas y nos estaban enseñando toda la flora y la fauna del lugar. El guía nos daba muy serio las explicaciones pertinentes y hacía el listado de todas las plantas que veíamos. En un momento dado, señala un árbol y nos dice: «Este es croto». Suzanne no tardó ni dos segundos en preguntar: «¿Escroto?». Y el guía, muy profesional, respondió: «Sí, efectivamente, es croto». Suzanne, con cara de inocencia y de prestar atención, repetía: «Claro, escroto», y venga a insistirle al paciente guía, que estaba *podre* ya de repetir: «Por supuesto, señora, es croto». Hasta que, finalmente, el pobre guía se dio cuenta de lo que estaba pasando y se tapó la cara con la mano para que no le viéramos reírse. Le prometió a Suzanne que a partir de ese momento cada vez que tuviera que hablar de ese árbol se acordaría de ella. No se le puede dejar a la agudeza irlandesa una oportunidad de dar la vuelta a las palabras, al menos no tan *a huevo*.

Este viaje dio para mucho. En Guayaquil, Suzanne daba el curso en una sala muy bonita que pertenecía al sindicato de pilotos y en la cual normalmente se reunían políticos y sindicalistas. El técnico que operaba todo el tema de iluminación tomó el curso también; él trabajaba en la sala y conocía muy bien el lugar. El último día del curso le pidió a Suzanne si le permitía subir al escenario a decir unas palabras. Además de agradecer por lo recibido, quiso comentarle a ella y al alumnado presente algo entre gracioso y misterioso a la vez, que le tenía muy intrigado y sorprendido. Nos explicó: «Yo soy profesional y nunca vi lo que he visto estos días; no entiendo por qué cuando se comenzaba con la meditación en el curso todas las luces de la sala comenzaban a bajar su intensidad, no he podido darle una explicación ni tampoco resolverlo».

Su asombro no termina acá. También nos contó que la sala estaba llena de ratas. ¡Ratas! Imaginen nuestras caras y las de los alumnos. Explicó cómo debajo del escenario viven las ratas y son tantas que usualmente no podían con ellas. Añadió: «Cuando se hacen las reuniones políticas, salen, y es como que se vuelven locas corren por todos lados y se chocan entre ellas». Aquí viene lo sorprendente, cuando llegó Suzanne y su equipo a la sala no se vio ni una. El técnico se preguntaba: «¿Se quedarán bajo el escenario tomando el curso zen? Ni un ruido se escucha espero que esta actitud zen les dure por mucho tiempo y no las veamos pululando por aquí como es su costumbre antes de que Suzanne llegara». Los alumnos le despidieron con aplausos y las risas (y mirando de reojo al suelo por si salía alguna rata).

__Nota de Suzanne:__ Patricia, la compañera zen en Argentina, que reside en Buenos Aires, es sin duda alguna, una divertida hermana cósmica y de gran corazón. Cómo nos reímos cuando estamos juntas. Ambas sentimos la enseñanza (cursos zen) de la misma manera, en el alma, y compartimos un sentido del humor muy parecido. Juntas, parecemos hermanas muy traviesas. Parece curioso, pero ha habido ocasiones en las que han confundido a Patricia conmigo y ella muy feliz de ser Suzanne Powell 2, versión argentina.

Siempre con humor

Creo que una de las cosas más evidentes que he heredado de mi padre es el sentido del humor. Al haber sido profesor de secundaria, desarrolló mucha facilidad de comunicación en general y, sobre todo, con los adolescentes. Aún es rápido y con mucha agilidad mental, es capaz de dar respuestas ingeniosas y con amplio juego de palabras. A veces, no sabes si te está hablando en serio o con ironía aguda y humor irlandés. Nos entendemos muy bien, y sabe que le suelo pillar sus giros y retos lingüísticos.

Yo siento que la vida es para vivirla al máximo, exprimiendo todo el jugo de cada situación. Me encanta iniciar conversaciones con desconocidos en el autobús o en la parada, o en una cola del cine. Soy muy espontánea y algo atrevida. El carácter irlandés es muy abierto y alegre. Solemos ser cercanos y hospitalarios, aunque a la hora de dar besos y abrazos somos más bien reservados y tímidos.

El irlandés más tradicional suele desinhibirse con un par de *whiskeys* o unas pintas de la famosa cerveza de nuestra tierra, la Guinness. La música y el buen humor corren por nuestras venas, a pesar del duro clima irlandés cargado de lluvia incesante, y del intenso olor de la turba al quemarse en el fuego para calentar nuestros hogares.

Con mucho honor, me siento orgullosa de ser una divertida pueblerina irlandesa, brindando siempre que puedo una sonrisa y unas palabras de aliento para quienes necesitan una chispa de esperanza y alegría en su vida. A veces, lo único que les queda es escuchar esas palabras mágicas que suelo pronunciar cuando no ven una luz al final del túnel: «¡Si yo puedo, tú puedes, solo hazlo!».

La vida es equilibrio, una montaña rusa, extremos de emociones intercaladas con armonía, estrés y aburrimiento, dualidad, karma, drama, ilusiones, amores y desamores. Si añadimos toques de humor parece ser que la visión ya no pesa tanto. Si confiamos en que tarde o temprano todo pasará, y que nacerá una nueva oportunidad para sentir ilusión y felicidad, aceptaremos mejor las circunstancias y sacaremos una nota más alta en la lección que teníamos que aprender. Una prueba aceptada está a mitad de camino de ser superada.

Con amor y humor todo resulta más llevadero, y con la mente más despejada es mucho más fácil ver las soluciones con claridad. Así que, como suelo decir: «Que nunca, nunca, nunca falte el humor».

UNAS RUBIAS MUY FAMOSAS

Creo que a todos nos ha pasado alguna vez que nos confunden con alguien en la calle, incluso con algún personaje famoso. Curiosidades de la vida, tengo un buen puñado de dobles, todas ellas rubias como yo, y muy conocidas.

Lady Di

En mi pueblo, cuando iba al instituto, tocaba el contrabajo en la orquesta sinfónica juvenil. El director era muy aficionado a la fotografía e insistía en hacernos fotos a mí y a mis compañeros. A mi regreso a casa, tras dos meses y medio en el sur de España, trabajando como *au pair*, me pidió hacerme una sesión de fotos en la naturaleza aprovechando mi bronceado y mi cabello besado por el sol. Como gran regalo, me hizo un *book* de fotos preciosas, con la sorpresa de que en muchas de ellas claramente me parecía a Lady Di, tanto por el corte y el color de pelo como por mi mirada tímida.

Publicó una de esas fotos en un periódico local, para darme una sorpresa, junto a una foto igual de la Princesa Diana con exactamente la misma expresión, mirando hacia a un lado bajo el flequillo. Las publicó una al lado de la otra: ¡causó furor! Era un parecido extraordinario, me convertí en la Lady Di del pueblo. Cuando empecé la universidad, todo el mundo seguía comparándome con ella.

Hice un año sabático en España, donde conocí a un hombre maravilloso llamado Jordi. Él se enamoró locamente de la estudiante irlandesa y me invitó a ir de viaje con él a Montecarlo. Fuimos al Casino, vestidos de forma muy elegante para la ocasión. Tuvimos una anécdota muy divertida porque un grupo se acercó a mí creyendo que yo era Diana de Gales, con mi precioso conjunto de lino. Sinceramente, creo que Jordi era más guapo que el príncipe Carlos, pero estas personas se acercaron a nosotros para sacarnos fotos, convencidos de que éramos la pareja real. Eso nos hizo muchísima gracia. Y que conste que no eran japoneses sino europeos. Quizás al verme en aquel contexto, en el Casino de Montecarlo, se equivocaron, ¿por qué no iba a estar allí la famosa Lady Di?

Durante muchos años me sacaron parecido con ella; de hecho, cuando traducía para mi maestro se acercaban muchas veces los alumnos y me decían: «No sabes cuánto me recuerdas a Lady Di». Claro, ella era muy querida en aquel entonces, y yo les inspiraba cierta ternura por ese parecido, sobre todo por la mirada. Por lo visto, la princesa tenía karma social, por eso hacía esa labor humanitaria, con tanto amor hacia los niños. Era muy querida, así que no me importaba que me comparasen con ella.

Farrah Fawcett

Recuerdo otra ocasión en México, donde visitamos algunas cárceles. En una de ellas, al pasar por el control de seguridad, tenía que enseñar mi pasaporte. Uno de los agentes quiso hacerme una broma divertida, así que me dijo que lo sentía mucho pero que yo no podía pasar, puesto que mi nombre no se correspondía con mi foto. «Tú eres Farrah Fawcett, uno de los Ángeles de Charlie». Por supuesto, me eché a reír y le dije que no era Farrah Fawcett, sino Suzanne Powell.

Él insistía en no dejarme pasar. Bromeamos un buen rato hasta que me dejaron entrar. No es la primera vez que me confunden con Farrah Fawcett, según cómo haya llevado mi pelo de largo y el estilo, tenemos cierto parecido razonable. Una anécdota divertida y bonita, ser un Ángel de Charlie.

Madonna

Un malentendido que a mí me sorprendió mucho ocurrió en Argentina. Las circunstancias fueron muy especiales; nos llamaron a una compañera y a mí para atender a una joven en su propia casa que estaba teniendo una experiencia de posesión. Estaba en una habitación con su novio, ambos semidesnudos, puesto que habían estado practicando sexo (o eso parecía). A ella le dio lo que otros llamarían un brote psicótico o ataque de esquizofrenia. Dejó de reconocerse como a ella misma. Cuando fuimos a hacer el trabajo para liberarla, nada más verme, dijo: «Ay, la Madonna». Yo no sabía por qué me llamaba así, pero lo primero que me vino a la mente fue la Virgen María. Como íbamos a hacer una obra de amor para devolverle su personalidad real, podría estar burlándose de mí, o bien yo estaba recibiendo una ayuda.

Al terminar la sesión, me dio un abrazo agradecida por lo que habíamos hecho. Se fue corriendo a la habitación y vino con un paraguas. Lo abrió delante de mí y lo que había impreso era una foto de la cantante Madonna. Me reí a carcajadas. Y yo, inocente de mí, pensando que estaba conectando con la Virgen María. ¡Nada más lejos!

Barbie

Hasta ahora hemos hablado de rubias de carne y hueso, pero en una ocasión me confundieron también con una rubia famosísima de ficción. Esto ocurrió en una casa de acogida en México, la Casa Hogar San Pablo, en Querétaro. Siempre que viajamos a esa zona vamos a ayudarlos. Estábamos allí todo el equipo y cuando entramos nos recibió un chico junto a otra mujer con síndrome de Down. Al verme, el chico se lanzó amorosamente a mi cuello. Era sordomudo, así que no podía explicar realmente lo que estaba sintiendo. Me agarró del codo y me empujó suavemente acompañándome hasta la puerta, haciendo el gesto a los demás de que se iba y me llevaba con él. Yo no sabía lo que estaba pasando. Le decían que no podía marcharse, que se tenía que quedar, pero él quería irse conmigo. Me miraba con ojos profundamente enamorados. Para hacerme entender qué es lo que había pasado, se fue finalmente a su habitación y salió con una muñeca Barbie.

Yo llevaba el pelo recogido en una coleta, igualita a ella: el pobre se pensaba que yo era la muñeca hecha carne y hueso. Tenía una caja llena de Barbies, le encantaba jugar con ellas, estaba enamorado de esa muñeca. ¡Qué alegría para él que llegase la Barbie en persona!

Nos comentaron que era su manera de entretenerse, sentirse acompañado, jugar con esas muñecas. De hecho, en el curso conté la anécdota a los alumnos, invitándolos a pasarse por la Casa Hogar para ayudarlos y llevarle más Barbies para su colección.

MI ESTRENO COMO TRADUCTORA ZEN

Mi camino en la enseñanza tiene un largo recorrido, parte del cual lo hice como traductora del que fue mi maestro. Él me pidió en un curso en Bilbao que lo ayudara con sus traducciones y casi de inmediato, la semana siguiente, empezamos un curso en Barcelona. Recuerdo perfectamente aquella primera vez como traductora en un curso zen.

Estaba nerviosísima, pero él me tranquilizó; me dijo que lo estaba haciendo bien y que continuase así. Sobre todo, me recomendó que para estar en máxima conciencia y ser un buen canal no socializara con los alumnos en los descansos. Me aconsejó que era mejor meditar aparte en una sala. Fue muy duro porque yo no estaba acostumbrada a hacer ese tipo de traducción, traducción consecutiva; él hablaba en inglés y yo traducía inmediatamente al español. Con el tiempo, fui ganando cada vez más agilidad y ya no tenía que pensar. De hecho, llegamos a armonizar tanto que realmente yo ya sabía lo que él iba a decir y a veces incluso terminábamos diciendo lo mismo y a la vez, lo que nos hacía mucha gracia a nosotros dos y a los alumnos de clase.

Cuando murió, durante su funeral uno de sus hermanos me dijo que él le había dicho que yo era la perfecta traductora para hacer ese tipo de trabajo. Me hizo muchísima ilusión. Todo un entrenamiento, largo, duro, cansado, sin ninguna preparación... Así que imagínate cómo estaba yo durante ese primer curso. Recuerdo cómo metí la pata unas cuantas veces. Una de ellas casi me quitó el aliento. Estábamos hablando de diferentes niveles de vibración y él pronunció el nombre de Kuan Yin, que es la diosa de la compasión en el Oriente (su equivalente en Occidente podría ser la Virgen María), pero yo nunca había escuchado su nombre. Cuando él lo dijo, lo primero que se me vino a la mente fue «la Juani». Recuerdo que en ese tiempo había una serie en televisión, *Médico de familia*, y la criada se llamaba Juani. Era una señora muy graciosa, muy, muy sencilla y ayudaba mucho a la familia. Entonces cuando él hizo referencia a Kuan Yin yo lo traduje como Juani y todo el mundo se echó a reír. Yo, inocente de mí, me encogí de hombros, y él me miró y me dijo:

—¿Qué has dicho?

—La Juani —le contesté.

Él confundido, me preguntó quién era ella y le expliqué que era el mismo nombre que el de la señora de la televisión.

—No bromees con Kuan Yin —me pidió.

Yo ni siquiera estaba bromeando, no fue intencionado ni mucho menos, aunque más tarde cuando él explicó quién era exactamente Kuan Yin me di cuenta de que había metido la pata hasta arriba. De todas formas, estoy segura de que la mayoría de los participantes en ese curso tampoco sabían quién era Kuan Yin. ¡Pero después de eso seguro que nunca se les va a olvidar!

PALABRAS PROHIBIDAS

Llevo ya treinta años viviendo en España y mi español, si bien no impecable, es ya casi mi lengua materna. Aparte de expresarme constantemente en este idioma, al haber viajado mucho he estado expuesta a las variedades del español en otros países, con las consabidas dificultades para entender a la gente de México, de Perú, de Uruguay, Argentina... He acumulado un sinfín de malentendidos idiomáticos, de esos que surgen a veces porque somos de diferentes países y culturas. De hecho, hasta tenía mi propia lista de qué cosas no deben decirse en según qué lugares. Yo he pasado la primera parte de mi vida fuera de mi tierra, primero en Barcelona, por lo que había acumulado muchos catalanismos y tenía un acento medio catalán. Vivo en Madrid desde hace solo ocho años, así que tuve que deshacerme de ciertas palabras que se me pegaban cuando daba conferencias de nutrición por España. Imagínate, que vas al sur y hablas de las *bledas*, que son las acelgas, o de la *pica*, que es la pila de la cocina. Para mí era de lo más normal, pero ya una vez saltas al otro lado del charco, en las Américas, las meteduras de pata eran mucho más gordas en comparación.

Me viene a la mente una muy curiosa que ocurrió en Ecuador, hablando sobre la espalda, sobre las patologías de la columna vertebral, la escoliosis, lordosis y cifosis. Enseñaba a la gente dónde colocar la mano mencionando la joroba en la espalda, a la que aquí en España nos referimos coloquialmente como *la chepa*. Pero lo que no sabía era que en Ecuador la chepa son las partes íntimas de la mujer. Así que digamos que no es muy fino utilizar esa palabra. Al decir: «Venga, pues vamos a ver cómo se pone la mano en la chepa», todo el público bajaba la mirada y en ese momento pensé que algo debía de haber dicho mal. Las mujeres sacudían la cabeza, medio escandalizadas.

Obviamente, cuando hago esas cosas me divierto mucho porque provoco una reacción en el público y, acto seguido, ya me están diciendo con los gestos que no me meta por ahí. Les pregunté qué era la chepa y otra vez bajaban la cabeza como avergonzados. Una señora en primera fila fue la que me lo señaló con la mano. «Ah, entiendo, que son las partes íntimas de la mujer», a lo que todos en coro asintieron. «Prohibido decir *chepa* aquí, ¿verdad? Pues ya no hablaremos más de la chepa. Prohibida». Así una y otra vez, ¡los escandalicé hasta que se acostumbraron!

En Chile hay una palabra que me sorprendió muchísimo. Íbamos en coche y vimos que la conductora estaba conduciendo con dos móviles en la mano. Las pasajeras ya íbamos un tanto nerviosas de ver cómo manejaba y encima con los móviles; solo le faltaba fumar, aunque dónde iba a aguantar el cigarrillo, con dos móviles, el volante y todo. De hecho, nos dijo que había dejado de fumar y una de mis colaboradoras, Patricia Pentecoste, le contó que hasta hacía poco ella había fumado *veintipico* cigarrillos al día. Y, por lo visto, no se puede decir *pico* en Chile. La conductora se escandalizó, empezó a reírse sin parar, con lo cual nosotras nos pusimos más nerviosas porque encima iba doblándose de risa conduciendo y manejando dos móviles a la vez; ¡lo que nos faltaba!

Intrigadas, le preguntamos qué significaba. «Es lo que lleva el hombre entre las piernas». ¿Así que eso era el *pico*? Pues sí, y nos explicó que era una manera muy vulgar de hablar del pito. Quizás en otro país no se puede decir la palabra pito, pero es lo que decimos a los niños aquí, ¿no? El pito, para no decir la palabra *pene*. En fin, fue muy divertido porque luego aprovechando que la gente, en el primer y el segundo día, suele llegar tarde porque se pierden, no saben dónde estacionar el coche, etc, metí un toque de humor Powell, y cuando ya estaban todos sentados les dije: «A partir de mañana está prohibido entrar en clase a las ocho y pico, hay que llegar puntual». Toda la clase bajó la cabeza como diciendo: «Uy, lo que ha dicho esta». Y yo insistía: «Pero ¿qué os pasa? Solo he dicho las ocho y pico». Otra vez, un murmullo de escándalo por lo que había dicho. En fin, que esa fue otra palabra que le di muchas vueltas en clase, diciendo: «No, no he dicho la palabra pico, he dicho poco, las ocho y poco; sois vosotros que escucháis mal».

Y qué decir de Argentina o México. La palabra típica que resalta es la palabra *coger*. Claro, en España cogemos el bus, cogemos un billete, cogemos frío, cogemos apuntes, cogemos de todo. Es una palabra muy versátil. Cuando hacemos la activación en clase, hay que agarrarse el uno al otro la muñeca. Imagínate lo que fue en Argentina cuando les expliqué: «Venga, vamos a preparar la activación, así que ahora con la mano derecha vas a coger a la persona que tienes a tu lado». Bueno, risas mil. Eso sí, siendo yo guiri (o *güera*), extranjera, mujer, con mis gracias y ese punto de humor, se me perdonan esas cosas. Eso es lo que tenemos que recordar, que estamos aquí para divertirnos, para apoyarnos, para ser auténticos. Por eso yo soy un poquito provocadora, en el buen sentido de la palabra, y no me importa meter la pata siempre y cuando sea sin la intención de hacer daño a nadie. Como siempre digo, que nunca, nunca, nunca falte el humor.

LOS BERBERECHOS DE SEVILLA

Las confusiones a causa del idioma, de las palabras con distintos significados en cada país, o por la pronunciación característica de cada acento me recuerdan un par de anécdotas que me sucedieron en Sevilla. La verdad es que cada vez que viajo a Andalucía me traigo la mochila cargada de historias para poder compartir más adelante. Hay una que trajo cola y les encanta a todos cuando la cuento, sobre una mujer antes de que le hiciera un reset.

Estábamos haciendo resets a los alumnos y a mí me tocó con una señora un poco entrada en años, muy formal ella. Se sentó y yo le agarré la muñeca (después de lo que he contado anteriormente, mejor decir agarro que cojo, por precaución, aunque en mi vida diaria no uso esa palabra con tanta frecuencia) y le pedí a la señora que, por favor, cerrase los ojos. Ella levantó la ceja, me miró fijamente y me preguntó: «¿Los dos?», con ese maravilloso acento sevillano en el que no se pronuncian las eses finales. Bueno, casi no pude seguir con mi trabajo porque cada vez que pensaba en su pregunta, si debía o no cerrar los dos ojos, me daba la risa. Durante los cinco minutos de reset me encogía de hombros, me reía internamente. ¡Vaya falta de seriedad! Si algo le llegó a la pobre señora, seguramente fue mi bendición porque la nombro en muchos cursos.

Más tarde, en clase, sin señalarla ni decir quién era, expliqué lo que había ocurrido. Menuda ocurrencia la mía, porque a la hora de hacer la meditación tenía que decirle a todo el mundo que se pusieran a respirar con conciencia y que teníamos que cerrar los ojos. ¿Te imaginas en el curso todos en coro preguntando si tenían que ser los dos? Pues así fue, con gracia sevillana. «Sí, por favor, vamos a cerrar los dos ojos», era mi respuesta siempre. Intenta que una clase de más de mil alumnos se pongan luego hacer su meditación recordando la anécdota de la señora.

Esa es una de las muy buenas anécdotas que cuento siempre en los cursos para romper el hielo el primer día. Precisamente en esa misma clase hubo otra anécdota que tiene que ver con un momento específico, al final de la primera jornada, cuando les comenté que tenían que hacer los deberes para mantener su capacidad. Literalmente, a última hora y antes de marcharme, les dije: «Para mañana, tenéis que traer los deberes hechos». Ahora bien, parece ser que allí cada uno interpreta a su antojo, a la andaluza total.

Al día siguiente pregunté nada más comenzar si traían los deberes hechos. Una mujer, un tanto enervada, se levantó y me dijo: «No, yo no, porque yo no he tenido tiempo, yo no he podido». A lo que le respondí: «Vamos a ver, señora, pero si son cinco minutos dos veces al día, ¿cómo es posible que no haya tenido tiempo en veinticuatro horas?». Ella seguía diciendo que no, que imposible, y añadió: «He hecho todo lo demás, pero es que no he tenido tiempo para acercarme al supermercado». Yo pensé que era muy raro que me hablase de un supermercado, así que indagué: «¿Qué tiene que ver el supermercado con sus deberes?». Aquí vino la sorpresa, una respuesta inesperada: «Como usted dijo ayer que para hoy teníamos que traer los berberechos»... (los berberechos son un pequeño molusco, muy apreciado en la cocina mediterránea).

Pues claro, dicho así rápido y con acento andaluz, *los deberes hechos* pueden sonar muy parecido a *los berberechos*. Por supuesto, a partir de ahí ya todo el mundo pensaba en que hay que tener «los berberechos» y hacer «los berberechos», y nadie se acordaba de la palabra «deberes». Las meditaciones se convirtieron en berberechos y hasta alguien sugirió que comprásemos una lata de berberechos y la dejásemos en la mesita de noche, de modo que al acercarnos a la cama por la noche la tuviéramos delante y nos preguntásemos si teníamos o no *los deberes hechos*, como un recordatorio. Me pareció una iniciativa muy interesante. Al final del segundo nivel los bautizamos como el grupo de los berberechos; incluso crearon su propio blog de anécdotas, que no sé si todavía existe.

JAMÓN CON HUMOR

Sabéis que a mí me encanta hablar y escribir sobre alimentación consciente, que he estudiado mucho sobre nutrición y probado personalmente todo tipo de alternativas. La mayoría de la gente cree que soy vegana o vegetariana, y si bien la mayor parte de mi alimentación es de origen vegetal, esto no es del todo cierto pues como huevos y queso de cabra, por ejemplo, y muy de vez en cuando pescado y pollo ecológicos. Con muy poca frecuencia, no creo que llegue a una vez al año, me doy el capricho de comer cosas que nunca están en mi mesa, normalmente porque alguien me invita o me lo preparan con mucho amor. Ese es el caso de la última vez que comí jamón ibérico.

Estábamos en Vigo, impartiendo un curso zen. Uno de los alumnos de clase me invitó a cenar en Bayona. Me llevó a un restaurante exquisito y pidió varios platos para compartir. A la hora de los entrantes, el camarero llegó con un buen plato de jamón ibérico. Este chico, pensando que yo no comía esas cosas, le pidió que lo retirase, que se lo llevase de vuelta a la cocina. Detuve al camarero: «Espere un momento, déjelo aquí que hoy haré una excepción». Como de vez en cuando me gusta provocar un poquito, para sacarle humor a las cosas y quitarle rigidez a nuestras creencias y comportamientos, le dije al chico: «Sácame una foto comiendo esta lonchita de jamón, que la voy a subir a Facebook a ver qué pasa».

El jamón aparecía en la comisura de mis labios. La subí a Facebook y en el pie de foto escribí: «¡Me han pillado!». La que se armó. Mis fans veganos me crucificaron, les causó una gran decepción, me dejaban comentarios de todo tipo. Igualmente, dejé que todo el mundo comentase en ese *post*, libremente, lo que pensaban, hasta que en un momento entré al trapo a contestar: «Yo no dije que me lo hubiera comido». Suspiros de alivio por escrito: «Ah, bueno, ya nos parecía, menos mal, Suzanne». Dejé que se acumulasen los comentarios de ese estilo y finalmente solté la bomba inesperada: «La verdad es que no me comí el trozo de jamón, me comí el plato entero».

Imaginaos la oleada de reacciones del estilo «ya no quiero ser tu fan, olvídate de mí, cómo se te ocurre» que recibí tras esa publicación. Hay que echarle humor y flexibilidad a todo en esta vida, incluida nuestra alimentación. En mi libro *Menús Conscientes* enseño a comer sano y también cómo pecar y no morirse en el intento. Me gusta poner a prueba mi sistema inmunitario de vez en cuando y consentirme mis caprichos dando rienda suelta a mi modo de *flexitariana*.

ALUMNOS *ASÉPTICOS*

Las personas que acuden a mis cursos, lo comento frecuentemente antes del inicio de las clases, no siempre saben a lo que van, o ni siquiera van del todo voluntariamente, sino que acompañan a algún amigo o van de la mano de sus parejas. A veces a regañadientes. Ese fue el caso de un matrimonio hace años. Al comienzo de primer nivel él levantó la mano y me soltó delante de todo el aula: «Yo no creo en nada de todo esto, he venido aquí porque me ha obligado mi mujer, pero soy totalmente *aséptico*». Resulta que en segundo nivel ya había cambiado radicalmente de opinión. Por supuesto, le pedí que nos explicase por qué, así que él nos contó lo que le sucedió en las meditaciones. Los dos se sentaban a meditar con la espalda contra la cabecera de la cama, con las piernas estiradas y las manos sobre las piernas. Un día, su hijo pequeño, al verlos meditar así les dijo: «Yo también quiero hacer eso», ante el asombro de sus padres. Es lógico, por imitación los niños se suman. Le dieron permiso para subir a la cama y el niñito adoptó su misma postura. El hombre estaba que no daba crédito, pero resulta que, cuando al final de la meditación, abrió los ojos se dio cuenta de que la gata también se había sumado y estaban los cuatro en fila. Con esto pasó de escéptico total a devoto zen, y así lo confesó. Para él fue un modo chocante y divertido de darse cuenta de lo que el curso zen puede provocar en nuestras vidas y a nuestro alrededor.

Prueba de fuego

Otros necesitaron de pruebas más contundentes. Por ejemplo, Juanjo, un médico que asistió a un curso que hicimos en *petit comité*, en una casa particular, a un grupo formado por médicos y terapeutas. Estaba dando la clase, y recuerdo que en el segundo nivel les presenté con una foto quién era el fundador de la enseñanza, tal y como explico en todos los cursos zen. El segundo día de ese nivel, Juanjo, que es un médico de mente muy abierta, practicante de la homeopatía además de la medicina tradicional, entró en clase muy agitado. Me llamó la atención para que fuese a verlo y cuando estaba a su lado me señaló la foto del fundador y me comentó: «Ese señor anoche estuvo en mi casa». Le contesté con naturalidad, preguntándole qué quería. Juanjo me explicó que le había dado un mensaje claro: «Dile a Suzanne que te haga lo que ella ya sabe que necesitas».

Entendí el mensaje a la perfección, así que le pedí sentarse y le coloqué las manos. Durante todo ese reset se movía constantemente, quejándose de un calor muy intenso. Protestaba con insistencia. Le pedí que se estuviera quieto y me dejara continuar. Después de los cinco minutos, se levantó con las manos en el aire y dijo en voz alta: «Vale, vale, vale, esto funciona. Pero dile por favor a ese señor que no vuelva a aparecer por mi casa». Obviamente, había visto a nivel multidimensional al Señor Fundador. Fue muy curioso, se sentó de nuevo y no abrió la boca en toda la clase, estaba patidifuso, asombrado de la reacción que había sentido. Terminamos el curso, nos despedimos y no hablamos más del tema. Curiosamente, un año más tarde coincidimos en un simposio de exopolítica en Sitges. Cuando me vio, se acercó y me dijo: «Todavía me acuerdo de aquello». Lo reconocí enseguida y nos pusimos a charlar. Al poco tiempo, me confesó: «Aquel día yo había pedido una prueba de fuego, por mi escepticismo. Yo soy médico y no pensaba que una pueblerina irlandesa pudiera enseñarme algo que yo no supiese ya». Reconoció que necesitaba una prueba de fuego para aceptar que lo que estaba aprendiendo era algo real, y obtuvo fuego de verdad, fuego cósmico. ¡Cuidado con lo que pides!

Médico obediente

Hace años di un curso de los grandes en Valencia, y entre los alumnos había uno con bastantes reticencias a continuar aprendiendo. Era médico y se había sentado con sus acompañantes al fondo de la clase. Llegó el primer día del segundo nivel. Venía con sus resistencias, y no paraba de decirles a las compañeras de fila que eso no iba con él y su idea era escaparse para tomar un café, a la hora de la meditación. Sin embargo, tuvo la mala suerte de no poder salir porque sus amigas habían colocado sus bolsos a los pies. Obviamente, no quería molestarlas, así que resignado, le tocó ponerse a meditar con todo el mundo.

Decidió hablar mentalmente con el Señor Fundador, a quien acababa de conocer en las lecciones, diciéndole: «Señor de la foto, como nos han dicho que le pidamos ayuda, yo se la pido; si esto es real, le pido una señal». Cerró los ojos, y el Señor Fundador le dijo con una voz muy grave: «Tú, escucha y practica». De hecho, se lo dijo en inglés, *You, listen and practise*. Abrió los ojos perplejo, miró a su alrededor y vio que solo había mujeres en su entorno, así que nadie podía haberle dicho aquella frase. Se le quedó grabado para siempre.

Me lo encontré bastante tiempo después en el Simposio Médicos y Sanadores en Barcelona. Al vernos, me comentó que desde que el Señor Fundador le había echado aquella bronca, muy obediente, no había dejado de practicar y meditar. «Esto es una maravilla», me decía. Su propio ego negaba todo hasta que tuvo la evidencia del mensaje del Fundador, ese *escucha* en el sentido de prestar atención. ¡Y la prestó desde entonces!

Familia terrenal y cósmica

Es curioso cómo hacemos conexiones con personas desconocidas y que, una vez que se inicia ese trato, uno siente una gran familiaridad con ese ser humano, como si lo conociese de toda la vida o vidas. De hecho, existe un programa colectivo dentro del cual cada uno tiene su propio programa individual, como explico en mi libro *El reset colectivo*. Todos tenemos un plan mayor y, para que se pueda cumplir, se hacen las conexiones mágicas los unos con los otros dentro del contexto del libre albedrío. Si uno no pone trabas mentales y se deja llevar por lo que siente, es todo mucho más fluido. Por eso siempre digo que, ahora más que nunca, son tiempos de practicar el DESAPEGO TOTAL y de tener CERO RESISTENCIAS.

A veces, cuando queremos forzar una situación, conseguimos justo lo contrario y se bloquea más. En mi vida he cometido muchos errores y gracias a ellos he comprendido mejor cómo funciona esta experiencia de ser humano unida a las leyes universales. Amo y respeto a mi familia terrenal, pero ahora entiendo que se extiende a la humanidad y todavía más lejos a la familia cósmica, nuestros hermanos multidimensionales.

Todos estamos interactuando a la vez y por ese motivo debemos confiar, tendremos todo lo que necesitamos en el momento adecuado para hacer aquello que se precise en beneficio de la humanidad. Cuando das, recibes. Cuando pides ayuda, llega. El Universo te regala lo que tu alma necesita y no lo que tu mente exige. El tiempo coloca todas las piezas del puzle y por eso debemos obrar con paciencia y confiar. Aunque la mente lo niegue, el alma sabe que todo es posible.

Mi mayor reto zen ha sido con mi propia familia terrenal. Por mucho que insistía lo único que conseguía era provocar cada vez más rechazo. Siempre que iba de visita, les contaba mis locuras, y nunca recibía la respuesta o reacción deseada. Me sentía como la E.T., como la oveja negra, pero aun así compartía con ellos todas mis aventuras. Ya sabemos que el Universo es muy sabio y me fue colocando en bandeja los momentos perfectos para actuar en modo zen, manos mágicas.

A continuación, comparto experiencias y testimonios maravillosos y sorprendentes relacionados con familiares, compañeros zen y amigos que adoro y amo hasta el infinito y más allá. Mientras tanto, siento un travieso guiño del Universo. Intuyo que vienen más vivencias y personas muy especiales para acompañarme en una nueva etapa de mi vida.

NADIE ES PROFETA EN SU TIERRA

No quería dejar de incluir en este libro algunas anécdotas que conciernen directamente a mi familia, quienes tardaron bastante tiempo en estar abiertos a lo que yo sé hacer. Recuerdo mis inicios, cuando empecé a entrar en todo este mundo de las medicinas alternativas y complementarias, mi cambio de alimentación y de hábitos en general, y el tema de las energías, que llegó un poco más adelante. A mí me apasionaba todo lo que aprendía. Imaginaos, cada vez que volvía de visita a Irlanda traía algo nuevo: «Mirad lo que sé hacer», les decía. Llegué por ejemplo con las varillas metálicas en forma de L para buscar agua subterránea, cosa que aún les hacía algo de gracia. Incluso mi padre me llevó a ver dólmenes y menhires, lugares muy especiales; yo iba con mis varillas y el péndulo, para tomar mediciones y en eso participaba conmigo, o al menos le hacía gracia la sorpresa de ver cómo las varillas se cruzaban solas.

En un viaje a mi pueblo anuncié: «No voy a comer nada en casa, estoy haciendo la cura de uvas». Por supuesto me decían que estaba loca, que cuántos días iba a comer solo uvas. «Pues veintiún días mínimo y cuarenta máximo», les respondía, ante lo cual no paraban de ofrecerme otras cosas para comer y de asegurarse de que no tenía hambre o no me estaba aburriendo de las uvas. Tuve que decirles que me dejasen tranquila, que me permitieran seguir en paz con ese proceso. Tiempo después, en otra estancia, les explicaba que iba a hacer ayuno durante treinta y seis o cuarenta y ocho horas, y que no iba a comer absolutamente nada. Su inmediata reacción: «Pero ¿no te vas a morir? ¿No te vas a desmayar? ¿No te vas a encontrar mal?», así todo el rato bombardeándome.

Es comprensible que cuando me venían a buscar al aeropuerto en el coche se estuvieran preguntando: «A ver qué trae esta vez». Cuando finalmente aprendí el curso zen, mi único propósito al llegar a Irlanda era arreglar a la familia, cuidar de su salud, cambiar sus hábitos y ver si podía hacerles un toque zen o un reset, como mínimo. Me presenté en casa en modo zen y la cara de todos era de espanto: Suzanne finalmente está loca, le han comido el coco, se le ha ido la pinza. No hubo manera de que me dejasen ayudarlos, así que me fui de mi pueblo de regreso a Barcelona con la cola entre las piernas por no haber podido ayudar a mi familia. Pero no tiré la toalla.

Estancia inesperada en Barcelona

Mi gran momento llegó cuando mis padres vinieron de visita a Cataluña, se hospedaron en un hotel del pueblo costero de Sitges durante dos semanas. Yo iba a verlos a diario desde Barcelona. Llegó el día de regreso, pero por un pequeño despiste de mi padre con la hora, perdieron el chárter de vuelta a Irlanda y el siguiente no salía hasta una semana después. La conclusión es que les tuve que hospedar en mi casa. Os podéis imaginar: padres fumadores, muy carnívoros, les encanta su vinito, su *whiskey*, la cervecita. Yo estaba en mi modo muy aséptico, de cero alcohol, cero carne o pescado, cero vicios, me cuidaba de forma radical, siguiendo las estrictas pautas del método higienista del Dr. Herbert Shelton. No sabía cómo acomodar de forma compatible a mis padres en mi casa.

Con amor todo se arregla, y con la bendición de tener una terracita en el apartamento. Esta se transformó en su lugar favorito para sus consumos, gracias a Dios que había ese espacio para ellos. Ahí observaban a los vecinos, a los bomberos y todo el movimiento de la calle. Estaban allí asomados todo el día, fumando, comiendo, bebiendo y saludando a un loro que vivía en el balcón de enfrente. Al segundo día de estancia, mi madre se dio cuenta de que no traía suministro suficiente de su medicación, Prozac, que llevaba tomando desde la muerte de su padre. Yo sabía que ella necesitaba un reset para que yo pudiera ayudar a mi abuelo a marcharse. Él estaba muy aferrado a su hija, a quien adoraba en vida. Mi madre entró de repente en un estado de ansiedad, le dio un ataque de nervios al creer que no podría sobrevivir una semana sin sus pastillas. Mi padre me miraba, diciendo: «¿No puedes hacer algo? Con todas esas cosas raras que tú haces, ¿no puedes ayudarla?».

En ese momento, viéndola tan mal y a mi padre casi peor por su súbita preocupación, decidí lanzarme a hacerle un toque zen de emergencia. Mientras se lo hacía, mi madre se quejaba todo el rato de calor y del dolor que le provocaba. Realmente solo tenía la mano posada ligeramente sobre su cabeza, sin presionar, mientras mi padre me hacía gestos para que siguiese. Al rato vi que podía hacerle ese reset que le faltaba para finalmente liberar a mi abuelo. Cuando terminé quité las manos y mi madre me miró con cara de confusión, de querer saber qué le había hecho, expresando continuamente la paz que sentía. Sin embargo, a continuación, me replicó: «No me vuelvas a hacer esto nunca más». Al instante y en los siguientes días, vimos una transformación tremenda en ella. La tristeza y el estado de ansiedad desaparecieron por completo. Estaba tan bien esa tarde que les propuse acercarnos al puerto de Barcelona con unos amigos para que pudieran disfrutar de una mariscada. Les saqué de paseo y cenamos, muy felices. Esa noche mis padres se acostaron y todos estábamos alegres y tranquilos.

Al levantarme por la mañana, vi a mi padre sentado al borde de la cama y aferrado a un cubo. Había estado vomitando toda la noche, se encontraba muy mal, y le vi muy pálido. Me miró y casi gruñendo me dijo: «¿Me puedes hacer algo de eso que hiciste a tu madre ayer para quitarme a mí este malestar?». Confieso que sentí el impulso de frotarme las manos, pero tuve que disimular mi cara de *pillina*. Sentí ganas de celebrar que por fin podía tocarlo, y procedí a hacerle el toque zen para aliviar su malestar. No dijo nada, se levantó, agarró el cubo y lo limpió en el baño. Mientras yo hablaba con mi madre, él se duchó y se vistió.

Después, pasé yo a la ducha y, al salir, noté un olor muy característico de la casa Powell, el desayuno irlandés. Consiste en huevos fritos, morcilla, beicon, salchichas... todo frito. Me acerqué a la cocina y le pregunté a mi padre qué estaba haciendo. Me contestó que lo que le había hecho le había ido muy bien y que tenía mucha hambre. Yo sacudía la cabeza: «Papá, ¿cómo puedes meter eso en el estómago tras la mala noche que has pasado?». Solo me dijo que le apetecía mucho y que se sentía estupendamente. Más tarde empezó a tomar sus cervecitas, estaba de muy buen humor; se le había pasado por completo.

El efecto del reset y del toque zen, empezó a ser algo que se normalizó a lo largo de esa semana. Claro, cuanto más alcohol un día, mayor resaca al día siguiente. Mi padre se levantaba con resaca y me pedía que le pusiera la mano en la cabeza, como el día anterior. Y mi madre se quejaba: «Deja de hacer eso, cada vez que lo haces él bebe más». Por otro lado, mi padre también tenía sus quejas sobre mi madre: «Desde que le hiciste eso, fuma más que nunca, no se lo vuelvas a hacer». Les tuve muy felices toda la estancia y cada día le hacía los toques zen a mi padre para su resaca, aunque mi madre siguió en sus trece de no permitirme tocarla.

Curiosamente, recuerdo que esa semana tuvimos un poco más de drama porque fue la semana que se murieron Lady Di y la Madre Teresa de Calcuta. Fue una semana bastante importante, son dos figuras a quienes yo admiraba muchísimo. A la princesa de Gales, en parte, porque siempre decían que nos parecíamos mucho físicamente, como ya he contado. En cuanto a la Madre Teresa, tomé mi nombre de confirmación en honor a ella; yo me llamo Suzanne María Teresa Powell.

Fue muy gracioso, porque luego cuando volví a Irlanda de visita a casa de mis padres, mi padre me recibió con mucho cariño y una gran lista de pacientes, entre vecinos y amigos suyos, cada uno con su correspondiente problema de salud, para que yo los ayudase haciéndoles el toque zen. Fue muy bonito porque entendí que se había abierto a compartir ese pacto de amor que yo tenía con la humanidad, normalizándolo como algo que a su hija le gusta hacer para ayudar a la gente. Eso le hacía sentirse también muy orgulloso del tipo de trabajo que yo hago.

Un flemón providencial

Con respecto a mi padre, tengo otra historia impactante que cuento a menudo. Tuve un sueño en el que soñé que él iba a tener un ictus y se iba a morir. Se lo conté a mi maestro y él me dijo que tenía que ir a visitar a mi padre en Irlanda y hacerle un toque zen para evitar que aquello pasara. Por supuesto, fui, pero no sabía cómo llevar el tema porque no podía decirle a mi padre lo que había soñado ni hacerle un toque zen sin razón aparente. Simplemente confié en que iba a ser fácil.

Cuando llegué al aeropuerto, lo primero que me dijo mi padre es que a ver si le podía ayudar porque tenía un tremendo flemón dolorosísimo y tenía que pasar por el dentista. ¡La solución perfecta para poder hacerle el toque zen! Así podría prevenir su ictus. Llegamos a casa y le hice el toque zen para el dolor de su flemón y de paso, como yo sé que le gustan los masajes en la cabeza, aproveché para ponerle las manos sobre ella y, disimulando, hacerle el toque zen especial para poder cubrir ese aspecto. Se fue muy contento al dentista, quien al verle el flemón le dijo: «Colum, debes de estar sufriendo mucho con esto». Cuando mi padre le explicó que yo le había puesto las manos en esa zona y se le había ido el dolor, el dentista le replicó que eso era imposible. «Pues ya ves, funciona», le contestó mi padre, feliz sin dolor.

Lo que son las casualidades, el dentista le preguntó a mi padre cómo se llamaba su hija, al ver que él se apellidaba Powell; y al saber mi nombre le respondió: «Yo la conozco, era amigo de su novio de la universidad en Belfast en aquel entonces». Cuando mi padre regresó a casa me preguntó si conocía a un tal Paddy Thornton. Claro que sí, era el chico más borracho de toda la universidad. No podía parar de reírme, yo sabía que él estudiaba medicina y siempre decíamos: «Nunca me pondría en manos de Paddy Thornton». Fíjate, una de esas causalidades tremendas, quién iba a esperar que de Belfast se viniera a un pueblo de veinte mil habitantes (la mitad vacas, como siempre digo). Era una posibilidad entre un millón, digo yo, y encima que fuera justo el nuevo dentista de mi padre, un milagro.

Mi padre no volvió a tener dolor y se recuperó por completo del flemón. Un día estaba en el pub hablando con un colega y amigo suyo, profesor del instituto y bombero voluntario a tiempo parcial. Por un accidente en la espalda estaba de baja como bombero, y esta situación le daba mucha pena. Le dijo que yo me había ofrecido a ponerle las manos si venía por casa, aunque creían que no había nada que hacer porque se tenía que operar a la semana siguiente. Me dio tiempo a hacerle el toque zen y tratar la columna. A mi regreso a España mi padre me llamó y me dijo: «No te lo vas a creer, al final no se tiene que operar. No sé lo que le has hecho, pero se ha recuperado, algo milagroso ha pasado». Un regalo del Universo, no tener que pasar por quirófano.

Una sobrina demasiado inquieta

La hija menor de mi hermana Karen, al tener cuatro hermanos mayores, salió muy traviesa, «un bicho», como se suele decir coloquialmente. Hacía lo que le daba la gana, pasaba de todo, hasta el chupete lo metía en el coñac y se relamía. Un día estaban haciendo un poco de fiesta en casa de mi hermana, así que aproveché para decirle: «Si quieres, puedo hacer una cosa especial a mi sobrinita y la convierto en un ángel». No se lo pensó ni un segundo y me dijo que me la llevase, aunque por su cara se notaba que no confiaba en que hubiera ningún milagro posible con su hija.

Subí a Dearbhla a la planta de arriba, a un cuarto pequeño que era la habitación de invitados y le dije que íbamos a jugar. Inventándome un juego que le gustó, aproveché para ponerle las manos en un toque zen y no habían pasado ni cinco minutos cuando se había quedado superrelajada. Eran las cuatro o cinco de la tarde, así que puse a mi sobrina sobre la cama y, en cuestión de minutos, se quedó profundamente dormida. Bajé de nuevo al salón para unirme al resto de la familia. Mi hermana me preguntó dónde estaba la niña, y yo con cierta chulería le respondí que dormía plácidamente arriba. «Es imposible —me contestó—, ¿dormida mi hija? ¿Qué le has hecho?». «Magia del Universo», respondí. Al rato largo la niña seguía sin bajar y mi hermana comenzaba a extrañarse. La convencí para que la dejase dormir, que no la despertase: «Ya se despertará sola como un angelito, pero si la despiertas antes igual estará demasiado inquieta; déjala dormir».

La fiesta se terminó y regresamos a casa de mis padres. Recibí una llamada sobre las nueve o diez de la noche; era mi hermana, preocupada: «Es que Dearbhla no se despierta, no estará muerta, ¿verdad?». ¡Qué confianza! La tranquilicé y le aseguré que estaría respirando y simplemente dormida. Así se quedó toda la noche y hasta las diez u once de la mañana siguiente, momento en que se despertó... Era un angelito, estaba divina. Más tarde, vi a Karen, ella no salía de su asombro y me preguntó cómo lo había hecho. «Cosas que hago yo», le respondí con un guiño, sin darle más importancia. Pero realmente es el caso más increíble que he visto de esa práctica con niños indomables. Lo llamamos el «toque zen del niño bicho».

Manos arriba

De nuevo mi hermana Karen y una de sus hijas son protagonistas de la anécdota que viene a continuación. En esta ocasión estábamos de vacaciones con nuestros padres, pasando unos días en familia en un hotel de la costa alicantina. A Karen la acompañaba mi sobrina, que también se llama Suzanne. Yo había impartido un curso zen allí y mi familia había visto cómo hacíamos los resets y me habían observado también en acción cuando les daba los toques mágicos a mujeres que querían quedarse embarazadas.

Un día, estando con mi hermana y mi sobrina en la playa, Suzanne me preguntó qué era eso del toque mágico. Comencé a explicarle y le puse mi mano sobre la barriguita para mostrarle cómo lo hacía. Mi hermana estaba tomando el sol en la tumbona de al lado y al vernos de reojo se incorporó a la velocidad del rayo y, sin que a mí me diera tiempo siquiera a reaccionar, me dio un manotazo apartándome la mano del vientre de su hija y gritó: «Quita esa mano de ahí». Yo me quedé sorprendidísima ante su reacción; sabía que Suzanne tenía novio allá en Irlanda y estaba convencida de que ella tomaba anticonceptivos. Resulta que no, la había dejado hacía un par de meses, dato que sabía su madre pero que yo, evidentemente, desconocía.

¿Queréis saber cuán efectivo puede llegar a ser un toque mágico? Apenas habían pasado un par de meses de su regreso a Irlanda, cuando mi hermana Karen me llamó por teléfono y me dijo: «Suzanne está embarazada». ¡Glups! Hay que explicar que si mi hermana estaba tan asustada de verme con la mano sobre la barriga de su hija era normal. Como ya expliqué anteriormente, a Karen le costó mucho quedarse embarazada de su primer hijo; de hecho, tardaba y no sabía por qué no se quedaba, pero no le resultó fácil decidirse a pedirme ayuda, a atreverse a que le hiciera el toque mágico. Finalmente, se lo hice y vino el primer hijo. Y luego otro bebé. Y otro. Así hasta cinco, como buena familia irlandesa. Como para no asustarse al ver que tocaba a mi sobrina...

Hoy, Suzanne ya tiene dos preciosísimas hijas. ¡Yo no tuve nada que ver con la segunda!

CARMINA, MI MADRE ESPAÑOLA

He hablado de una mujer muy especial, Carmina, en muchas de mis charlas y en cursos zen. Es una persona que prácticamente se convirtió en mi madre española, que me adoptó nada más trasladarme a Poble Sec, el barrio donde yo había ido a vivir en Barcelona. Yo acababa de llegar, aún no era madre, faltaban cinco o seis años. Llegué a ese apartamento y tenía que ir a comprar comida fresca, prácticamente nada más aterrizar, con el piso lleno de cajas después de la mudanza. Fui a pasear por las calles hasta que finalmente encontré una tienda de frutas y verduras. Cuando entré, la dueña estaba doblada de dolor, llorando, y con cara de mucho sufrimiento.

Me acerqué a ella para preguntarle qué le pasaba. Me contó que tenía un herpes zoster en la espalda y en el abdomen, muy doloroso, pero que no quería ir a los médicos porque no quería fármacos; ella hacía una vida muy natural. Le dije que quizás pudiera ayudarla. Yo estaba recién estrenada en la enseñanza zen y apenas practicaba. Tenía los cursos hechos, pero hacía mi vida 3D normal. Sin embargo, al verla tan amigable y con una cara tan dulce, me ofrecí y enseguida aceptó. Entonces le dije, para hacerme yo a la idea, que cuando terminase de trabajar se pasara por mi piso, que estaba apenas a dos bloques, y que la ayudaría. Carmina ni siquiera me preguntó qué le iba a hacer.

Cuando llegué poco después a casa con mi compra, comenzaron los miedos y dudas, «¿y si no funciona? ¿Y si hago el ridículo? ¿Y si lo hago mal?». Toda la inseguridad que yo tenía todavía por la falta de práctica. Finalmente se presentó y, entre cajas, bultos y maletas, le hice el toque zen. Vi que en su tienda tenía una foto grande, tamaño póster, de su hijo que había fallecido alrededor de los veinte años. Ella me comentó que le quedaba una hija, Sara, pero que había perdido ese hijo. Entre el toque zen y el reset, Carmina tuvo una liberación. Yo no era consciente del impacto de lo que había hecho.

Al día siguiente yo tenía trabajo como nutricionista y conferenciante en el País Vasco, con lo que debía salir de viaje. A mi vuelta fui a ver si Carmina había mejorado. Nada más pasar por la puerta, se lanzó a darme un abrazo, diciendo: «Ya estoy curada, no me duele nada, ¿qué me has hecho? Cuando te fuiste regresé a encontrarme con mi marido y ya no me dolía nada». Ahí empezó un nuevo camino en mi vida. Carmina no se detuvo en simplemente darme las gracias: llamó a todas las personas que conocía que estaban enfermas, entre sus clientes, cualquiera que tuviera achaques y dolores. Cada vez que iba a visitarla a la tienda ella avisaba por teléfono a los vecinos o clientes de la lista que tenía preparada y les decía que yo había llegado a la tienda y que se acercaran. Le pregunté dónde podría hacer los resets y los toques zen y me mostró una puerta donde tenía un pequeño cuarto de baño y un gran cubo que llegaba hasta mi cintura lleno de fruta y verdura ya medio podrida. Aún recuerdo el olor que salía de ahí en los meses de verano, a fruta fermentada.

Ese fue mi primer consultorio, sin preparación previa para mí. ¡Aquí te pillo y aquí te hago un reset, sí o sí! Aceptaba a todo el mundo que pasaba por esa puerta. Se sentaban en el inodoro (con tapa, claro) y yo les ponía las manos. Cada vez me conocía más gente y Carmina, por iniciativa propia, comenzó a organizarme cursos; me traía una lista de hasta unas cinco o diez personas y me decía: «Ellos quieren aprender». Luego alguna vecina nos prestaba el salón de su casa para hacer el curso. En aquel entonces, los cursos los daba en cinco días por nivel y dejaba en medio dos semanas de descanso. Así me fui acostumbrando poco a poco y ganando en experiencia y confianza.

Realmente, Carmina me cambió la vida. Me puso las pilas. Fueron cinco años de una amistad entrañable. Cuando yo iba a la tienda, me preparaba de todo, me ofrecía caldos, verduras, arroz... cualquier cosa que ella preparase para ella. Además, cuando yo compraba no me quería cobrar, y me sabía mal. Yo iba a comprar lo justo y necesario, pero ella tenía el cálculo de lo que yo consumía y necesitaba. Otras veces, hacía trampas y no me aceptaba el dinero o decía que no tenía cambio. Y si se me ocurría no aparecer por la tienda se presentaba en mi casa con bolsas, cargadas de sandía, acelgas, zanahorias, tomates, de todo. Me decía: «Tienes que comer más, que estás muy delgada». Era increíble.

También comencé a tener amistad con su hija, Sara, que ahora forma parte de mi equipo zen. Me quedé allí en el barrio de Poble Sec durante cinco o seis años, y cuando Carmina se jubiló es cuando me mudé a otro barrio. Ella regresó a Asturias y luego se fue a Motril, en Andalucía. Es una mujer que ha trabajado muy duro físicamente y sus huesos y espalda no aguantaban el clima del norte. Cargaba y descargaba cajas pesadas en su furgoneta, iba a Mercabarna a hacer la compra ella sola, trabajaba mucho y duro. Era una mujer con una fortaleza física, mental y espiritual enorme, que se preocupaba por todo el mundo más que por ella misma.

Sigue con vida, aunque está muy frágil y débil tras muchos años de sufrimiento. Se entregó con amor a todo el barrio y a todo el mundo. Espero que algún día reciba una copia de este libro y que su hija le pueda leer este apartado que le dedico a ella. No la veo desde los cursos en el sur, donde me acompañó en algunas ocasiones, tras nuestro reencuentro en Granada. Sara y yo nos comunicamos después de muchos años distanciadas. Cuando Carmina se fue, yo abandoné el barrio ya embarazada de seis meses. Volvimos a vernos cuando nació mi hija, pero después le perdí la pista porque ella se fue al sur y en aquel entonces no manejábamos telefonía móvil y cuando te cambiabas de casa no siempre mantenías el mismo número de teléfono. Sara y yo volvimos a estar en contacto gracias a Facebook y le comenté que iba a estar bastante cerca de Motril dando un curso, en Granada. Le sugerí que trajese a Carmina para poder saludarla. Habían pasado ya quince años o más desde que nos separamos por última vez.

Carmina llegó allí y entró en la plaza de toros sin saber a dónde iba, ni para qué ni por qué iba ahí. Pasó para adentro y me vio en medio de la plaza subida en una especie de andamio hecho escenario. Me señaló, diciéndole a su hija: «¡Mira, pero si es la Suzanne! Es ella, mírala». Teníamos a un colaborador preparado para llevarla a las gradas y dejarla en primera fila, y la recuerdo perfectamente levantando la mano de vez en cuando, haciéndome gestos de saludo; fue superbonito. Cuando me tocó hacer la activación de los alumnos, tenía que pasar por delante de ella. Al verme, se puso de pie y nos fusionamos en un abrazo eterno de amor, como de madre e hija. Alguien inmortalizó ese momento con una fotografía que es la que tengo en mi página de fans de Facebook como portada: esa es Carmina en la plaza de toros de Atarfe, Granada. ¡Nuestra mirada de amor lo dice todo!

Al terminar el curso nos fuimos juntas a comer para ponernos al día de todo lo que había pasado en estos años. Fue como si no hubiera transcurrido el tiempo. Carmina se llevó una gran impresión, imagínate la diferencia, desde aquel pequeño cuarto de baño en la trastienda hasta una plaza de toros. Ella no sabía que me iba a encontrar ahí. Me miraba a la cara y me decía: «Estás preciosa, estás igual que siempre». Estaba asombrada, mirándome a los ojos, agarrándome de los hombros, como queriendo decir: «Muy bien, Suzanne, estoy orgullosa de ti». Su abrazo, sus palabras y su sonrisa me llegaban a lo más profundo del alma. Nada es casual en esta vida y yo siempre estaré muy agradecida por haberme encontrado con Carmina en mi camino y por su empujón.

He de aclarar que ella era también alumna zen, tomó los cursos con mi maestro, a quien también conocía. Siempre me decía: «Yo te veo en sitios grandes, esto es lo tuyo; tú lo vas a hacer muy bien». Me contaba que lo veía en sus meditaciones y en sus sueños, que me veía delante de mucho público. Era una mujer muy sencilla y humilde, pero una gran visionaria. Tenía muchas visiones del futuro y una capacidad increíble, aunque no creía en sí misma, se veía pequeña e insignificante, como si no fuera nada ni nadie. Ese era el grado de humildad que tenía aquella mujer a quien yo veía, en cambio, como una diosa. Mi abuela, mi madre. Una gran mujer. Familia cósmica.

Gracias, Carmina, por ser como eres, ese gran ejemplo para todos, por tu generosidad y entrega. Gracias por cuidarme y amarme como una madre. Así te siento y así te recordaré siempre.

POR QUÉ ADORO A LOS PINGÜINOS

Mi hermana Karen me conoce más que bien, tanto mis fortalezas como mis debilidades. A menudo nos recordamos nuestras aventuras y comentamos también las historias tiernas de cosas de la niñez compartida. Entre ellas, mi afición por los pingüinos. Desde pequeña, he tenido adoración pura por los pingüinos. Cuando mis padres nos llevaban al zoológico, recuerdo que siempre que pasábamos por la zona acuática yo les contaba a mis hermanos lo que les pasaba a los pingüinos. «Estos dos están juntos, este está enfadado». Recuerdo que los suricatos estaban al lado y, cuando mis padres querían irse, me decían que íbamos a verlos para seguir con la ruta del zoo, pero yo sin embargo quería quedarme a seguir hablando con mis animales favoritos. Me agarraba a los barrotes y no los soltaba; tenían que tirarme de las piernas y yo me aferraba. Todo eso le hacía siempre mucha gracia a Karen.

Cuando mi maestro se iba de viaje, de vuelta me traía siempre peluches de pingüinos. También ornamentos, e incluso algún novio me regaló un precioso colgante de pingüino. Todavía guardo el tesoro de tarjetas y postales de la Patagonia. Un día, en una conversación con mi maestro, le pregunté: «¿Por qué amo tanto a los pingüinos?». La respuesta de mi maestro fue: «Porque tú los creaste». Me quedé en *shock*, con una cara supersorprendida. ¿Que yo había creado a los pingüinos? Imaginaos. «Sí —me confirmó el maestro— tú fuiste la diosa creadora de los pingüinos». Lloré al escucharlo.

Me pregunté si por eso los amaba tanto. Adoro ver imágenes de ellos, los emperadores son divinos, me emociono con todos. De hecho, mi sueño era ir a la Patagonia y sentarme en el hielo o en las rocas, respirar con conciencia, cerrar los ojos, acurrucarme allí sentada y dejar que se acercaran. En enero de 2020, pude ver mi sueño cumplido puesto que viajé a Chile para un curso zen en Concepción y una conferencia en Santiago. Una colaboradora de New Jersey, mi preciosa amiga Lilian, y otras compañeras me regalaron el viaje a Isla Magdalena, famosa por los pingüinos en el sur del país. Yo había dicho que no me iría de este mundo hasta no haberme sentado con los pingüinos y ese sueño se hizo realidad. Tengo montones de fotos y de videos de ese momento tan mágico.

Tengo un montón de peluches, pero el más especial es uno que me regaló el nutricionista y amigo Marc Ams en uno de mis cumpleaños en Barcelona. Se trata de Pingu, no sé si lo conocéis por los dibujos animados. Cuando le tocas el ala, Pingu dice: «No me rompas el corazón, mua, mua». Desde siempre, yo lo agarraba, le apretaba el ala y hablaba. Adoraba a mi Pingu, que iba a todas partes conmigo. Un día, pasó algo extraordinario con él. Me fui a Argentina a colaborar con el maestro en un curso y un querido amigo llamado Miguel decidió hacerme el favor de entrar en el piso de alquiler donde yo vivía en Barcelona y pintármelo entero, arreglando algún desperfecto en las paredes, cambiando los pomos de las puertas... todo para que a la vuelta yo encontrase el piso en perfecto estado. En el sofá tenía unos quince pingüinos, sentados en la parte de arriba del respaldo, entre los cuales estaba Pingu. Miguel había metido a todos en la lavadora para que estuviesen bien limpitos a mi vuelta, sin tener en cuenta que Pingu llevaba un mecanismo con pilas en el ala.

Cuando llegué, vi el piso recién pintado, impecable, y todos los pingüinos limpitos. Lo primero que se me vino a la cabeza fue preguntarle si también había lavado a Pingu, a lo que me contestó que sí. ¡Pobrecito Miguel! No le dije nada de la pintura, ni de los arreglos, sino que fui rápido a por Pingu, le toqué el ala y vi que ya no funcionaba. «No puede ser —exclamé—, ¿por qué no me lo has dicho antes de hacerle esto?». Me llené de tristeza y pensé que ya no iba a escuchar más esa vocecita que tanto me gustaba. Pasaron los meses y un día, meditando, de repente, de la nada, Pingu habló solo. Se habría secado el mecanismo y a partir de entonces entró en modo automático: si le tocabas el mecanismo, no funcionaba, él solo hablaba cuando le daba la gana. Empezó una nueva etapa de aventuras y magia con la nueva versión de mi peluche favorito. Mi niña interior estaba feliz.

Se lo llevé al maestro, que estaba viviendo en Francia. Le pregunté qué había pasado con el peluche. Me dijo que un señor muy antiguo, que me conocía mucho desde hacía muchas eras, me quería tanto que, a nivel espiritual, se había metido dentro de Pingu y hablaba a través de él. «Es curioso —le contesté—, porque cuando pienso en ir a hacer determinada cosa, Pingu habla, y para mí es como una confirmación». Era como si hubiera adquirido personalidad. Cuando iba a Francia, me lo llevaba, y cuando íbamos a meditar mi maestro me preguntaba dónde estaba Pingu. Y si estaba en la habitación me mandaba colocarlo en el altar, antes de meditar. Él participaba en mi historia sintiendo esa parte de inocencia que me caracterizaba y que a él le encantaba. Me permitía ser yo misma. ¡Cuánto se lo agradecía!

Yo iba acumulando anécdotas que llamaba *pingüinadas*, y Pingu se convirtió en mi acompañante de viajes. No sabéis cuántas conversaciones han surgido de la nada gracias a él. Una buenísima, conmigo embarazada yendo para Francia, sola con Pingu. Me senté en el tren y había un hombre escocés sentado a mi lado, leyendo prensa británica. Yo tenía un libro en inglés, senté a Pingu frente a mí y dejé el tique bajo el ala. Apareció el revisor y me pidió el billete. Levanté la mirada, señalando a mi pingüino. El revisor levantó el ala del peluche y en ese momento Pingu habló. El pobre señor se retiró, muy sorprendido, así que yo tomé el tique, se lo entregué y él lo validó. Hizo el gesto de querer devolvérmelo, pero le dije que no, que era para mi peluche. Con cierta precaución, metió de nuevo el billete bajo el ala.

Al rato, volvió a hablar y yo le dije: «Pingu, calladito». Todo el tiempo el escocés miraba y sacudía la cabeza, me miraba con curiosidad; estaba haciendo el Interrail, supe después. Pingu siguió a lo suyo, mientras yo miraba de reojo al hombre, que llegó un momento en que no pudo más, se giró, y me dijo en inglés: «Perdona, el pingüino habla, ¿verdad?». Asentí. Él preguntó cómo lo hacía, y yo dije: «Es mágico». Me explicó que había estado observando e incluso contando los minutos a ver si había alguna secuencia, pero no había, ni tampoco intervalos uniformes. Añadió: «Veo que no tienes mando a distancia, no entiendo cómo funciona y soy ingeniero electrónico de juguetes; te lo compro». ¡Qué alucinante! Le dije que no estaba en venta, aunque me ofreció pagarme cualquier precio. Esto nos llevó a una conversación muy interesante, le hablé de la multidimensionalidad, de lo que yo hacía, de mi proceso... Estuvimos charlando entretenidos las dos horas del viaje y al final me pidió sacarme una foto con Pingu, y le di mi dirección de correo electrónico para que me la mandase.

Llegué a mi destino, volví luego a Barcelona, y a los pocos días George (que así se llamaba) me envió esa foto. Le di las gracias y desapareció de mi vida. Unos ocho o nueve años después, George me escribió para contarme que tenía un cáncer de testículo: «Suzanne, no sabes, el viaje contigo fue el más enriquecedor que tuve en aquella experiencia del mes entero de viajes por Europa. Te recuerdo mucho y también a tu pingüino. Siento que te tengo que pedir ayuda por el cáncer de testículo que me han diagnosticado». Le dije que se viniera a Barcelona, pasé varios días con él, le hice reset, toques zen, le aconsejé una amplia modificación de hábitos; se volvió a casa con mucha nueva información. Afortunadamente, todo salió bien, y gracias a un pingüino que habla, ese hombre tuvo una segunda oportunidad. ¿Es casual? Nada lo es, estamos todos mágicamente conectados.

Una cosa muy curiosa, casi inexplicable, fue cuando nació Joanna; Pingu dejó de hablar, entró de nuevo en modo mecánico. Hasta el año 2018, en que de la nada, tras diecisiete años sin hablar a no ser por el mecanismo, de repente empezó a hablar solo. Estuvo desde octubre hasta pasadas las Navidades del mismo año hablando como un loco, hasta tengo videos de él. Le preguntaba qué quería decirme, cuál era el mensaje. Incluso tuve a alumnos internacionales en mi casa, haciendo un curso zen, y puse a Pingu en medio de la clase: él casi daba las clases, reafirmaba las lecciones con sus interrupciones. Todo el mundo volvió a su casa y Pingu pasó a hablar de modo mecánico de nuevo. ¿Qué significa esto? Estamos interactuando con nuestra familia cósmica de forma constante, consciente o inconscientemente. Si tú pones tu atención sobre algo, ellos van a buscar la manera de conectar contigo. En nuestra alma hay un reconocimiento de esa parte divina, que todos tenemos dentro. Todos somos dioses con la semilla del bien y del mal, y en cada vida tenemos la oportunidad de expresar a través del libre albedrío un aspecto nuestro, desde la consciencia o inconsciencia, a través de este personaje que es nuestro cuerpo. Puedes sacar lo mejor o lo peor de ti en cada momento.

Si nos sentamos delante de una persona, podemos sacar de ellos lo mejor o lo peor, y viceversa. Depende de nuestro nivel de conciencia en cada momento. Así es como nos buscamos e interactuamos, para recordar cómo somos. Hay un libro que se titula *Y seréis como dioses*, de Erich Fromm, y es justo hacia ahí a donde vamos, al despertar colectivo. Vamos a conectar con nosotros mismos y para poderlo hacer necesitamos señales. Tenemos demasiada programación, condicionamiento, y la mente es nuestro peor enemigo. Para poder conectar con el ser, para transmitir esa información desde nuestro disco duro (la sede del alma) al software (la mente), tenemos que aparcar esta última, quitarla de en medio. Tenemos que olvidarnos de lo que pensamos que somos para poder ser quienes en verdad somos.

Si yo, a través de un juguete, a través de los pingüinos, interactuando con Pingu como si fuera de carne y hueso, he logrado hacer conexiones, cualquiera puede conseguir lo mismo a su manera particular. Adoro a mi pingüino, lo amo, siento su vibración, y eso me provoca ternura y me da alegría. Me gusta cuidarlo, y siempre sigo el consejo de mi maestro que decía que, si venían niños a casa, lo envolviera en una mantita o toalla, para que lo respetasen como si fuera un bebé si jugaban con él. Tiene vida, tiene vibración, me transmite paz. Es por todo eso que Pingu se ha transformado en un compañero del camino y, cuando yo me marche, Joanna seguirá disfrutando de él, y sus hijos, y los hijos de sus hijos.

Pero al mismo tiempo, no deja de ser algo físico y material, no hay que tener tanto apego. Por ejemplo, un día se rompió el mecanismo, no funcionaba de ninguna manera. Lo abrí y vi que el cable se había desconectado del pequeño tambor que tenía por dentro; necesitaba soldarse. Metí en un buscador de Internet la pregunta «Cómo arreglar un pingüino que ha dejado de hablar» y me salió un enlace al Hospital de Juguetes de Madrid. No me lo podía creer. Fui a visitar el hospital de juguetes y conocí a una pareja mayor entrañable. Entrar en su tienda era como la película *Narnia*, pasas por la puerta y estás en otro mundo. Es increíble, os invito a conocerlo. Entras y hay veinte mil juguetes antiguos, se te van los ojos. El recibidor es muy pequeño, pero hay un espacio en la parte de atrás muy grande, como de almacén, donde hay de todo. Salió un señor a atenderme; le mostré el aparatito del ala y le pregunté si lo podía arreglar. Me preguntó de dónde había salido, así que saqué a Pingu de debajo de mi brazo y se lo mostré. Mientras tanto, salió al mostrador su mujer, una señora ya mayor, que vio al pingüino, lo cogió como si fuera un bebé, y se ofreció a meterle más relleno para que estuviese más gordito. Rechacé su ofrecimiento, a mí me gustaba tal cual era. De repente, a lo lejos, oí: «No me rompas el corazón, mua, mua» y se me escapó una lágrima, estaba sonriendo emocionada. Le expliqué a la señora que el peluche significaba mucho para mí. El señor de la tienda salió a preguntarme dónde iba el mecanismo, le señalé el ala para que pudiera insertar el aparato y dejarlo como nuevo.

Había una señora mayor a mi lado, que venía para arreglar una muñeca antigua para su nieta; se me quedó mirando y me dijo: «Te comprendo, hija, te comprendo, y es tan bonito encontrar a personas como tú, que se emocionan con estas cosas». Terminamos por salir de la tienda juntas, y aunque yo era una perfecta desconocida me invitó a subir a su casa. Tenía ganas de hablar conmigo, pero yo tenía prisa, necesitaba volver a casa para trabajar. Me la quedé mirando, tanto ella como la pareja de la tienda me parecían de otro mundo. Me apetecía pellizcarme y preguntarme si estaba verdaderamente en la Tierra o si estaba en otro plano, un sueño u otro lugar en el cosmos, porque me parecía que yo no estaba ahí, que estaba en una película, en otro tiempo, otro espacio; que esas personas no existían. Tantas veces me ha aparecido gente de la nada y, cuando me giro, ¡ya no están! En fin, que terminé paseando con ella y charlando un rato, feliz de saber que Pingu ya estaba reestablecido.

LLAMADAS DEL MÁS ALLÁ

Cuando piensas que ya lo has visto todo, el Universo te sorprende con nuevas experiencias que te descolocan una y otra vez. Justo ayer saqué del baúl de los recuerdos un fax que tenía antiguamente. Me puse a escuchar los mensajes que se grababan como un contestador automático. Para mi sorpresa, el primer mensaje era en inglés de una conocida de mi maestro. Ella se comunicó conmigo, desde los Estados Unidos, tres meses después de la muerte de él. Recordé la primera vez que lo escuché y cómo, a mitad de ese mensaje, se hizo un corto silencio y luego mi maestro pronunció tres palabras, para que tras otro silencio continuase el mensaje de aquella mujer.

Cuando eso pasó hace dieciséis años me dio un vuelco enorme en el corazón, escuchar como de nuevo mi maestro se comunicaba conmigo vía telefónica. Enseguida me hizo recordar otra experiencia similar, estando él en vida. Salió de viaje desde Francia para ir a los Estados Unidos. Iba solo y por primera vez sin acompañante, así que estábamos pendientes de su llegada a destino. Para su sorpresa, cuando llegó al aeropuerto en el sur de Francia, lo llamaron por su nombre por megafonía para acudir al punto de información. Allí le entregaron un teléfono diciéndole: «Tiene usted una llamada de Suzanne Powell». Cogió el auricular, pero no había nadie en línea. Se extrañó y pensó que era raro que yo lo llamase al aeropuerto. En aquella época no teníamos móviles.

Tras el viaje en avión, aterrizó en los Estados Unidos y pasó exactamente lo mismo: en el aeropuerto de llegada oyó por megafonía cómo anunciaban que él acudiese al punto de información; fue y allí le dijeron que Suzanne Powell estaba al teléfono. Comprobó, una vez más, al descolgar el auricular que no había nadie en línea. Sin darle más vueltas, se fue a su casa.

Justo cuando estaba entrando por la puerta, sonó el teléfono de la casa. Era yo. Lo primero que me preguntó fue: «¿Cómo sabías que estaba llegando a casa en este momento?». Le dije que no lo sabía, que solo había pensado en él y que, por la hora que era, suponía que estaba a punto de llegar. Después me preguntó: «¿Por qué motivo me llamaste en los dos aeropuertos?», y yo no sabía a qué se refería, estaba extrañada. Le expliqué que no le había llamado y que no entendía por qué iba a hacer eso, no se me hubiera ocurrido jamás, salvo caso de emergencia.

Me dijo: «No pasa nada, buena lección para ti, para el futuro». Tomé nota de la situación, preguntándome cómo se puede manifestar algo tan increíble como una llamada de teléfono. Él me respondió: «Es normal». Claro, para él todas estas cosas lo eran. Me explicó: «Cuando dos personas se quieren mucho y una piensa en la otra, se puede manifestar físicamente». En este caso se manifestó no una vez, sino dos, como llamada. Por eso, cuando su mensaje desde el más allá apareció en mi aparato de fax, tres meses después de su muerte, acepté como reales esas palabras que él me dejó y supe qué hacer *a posteriori*.

Tenemos que confiar. No estamos solos, nunca. Todo es posible.

CONVERSACIONES CON NEALE DONALD WALSCH

Una figura pública que siempre me ha llegado al alma a través de sus obras, y que me recuerda la vibración de mi padre, es el autor de *Conversaciones con Dios*. Un abrazo fue la clave para reconocernos y recordarnos. Familia cósmica. Voluntarios para ayudar a la humanidad a recuperar la memoria de su origen y volver al amor. Siempre lo he admirado mucho y la lectura de su trilogía marcó una diferencia muy grande en mi vida. Curiosamente, un gran amigo que se llama Melvin Brown, a quien menciona Emilia Ruiz en su testimonio, estaba de paso en Barcelona y me regaló una copia de su libro *Conversaciones con Dios II*. Como estaba en inglés y yo no conocía esa trilogía ni al autor, ahí se quedó en una estantería. El título me echaba para atrás. No me apetecía leer sobre esos temas, tal como había interpretado que sería el contenido por el título.

No leí el libro y pasaron unos seis meses o más hasta que finalmente un día estaba sentada en el sofá y sentí, de repente, como si el libro me llamase: «Agárrame, léeme». Estaba distraída viendo la tele, pero noté tanta insistencia, que tuve que levantarme, apagar la tele y tomar el libro en mis manos. Me puse a leerlo a ver qué pasaba. Llegué sin interrupción a la página 108, pero algo pasó en ese momento que me dio mucho sueño, profundo. Me quedé con la mano puesta sobre el libro en esa página. Cuando me desperté, decidí retomar la lectura. Para mi sorpresa, todo me resultaba familiar, como si ya hubiera leído todo el contenido del resto del libro. Pasaba las páginas y pensaba: «Si esto ya me lo he leído». Sin embargo, no era verdad, no había pasado más allá de la página 108.

Entendí más adelante que el 108 es un número muy importante. Por ejemplo, en el budismo las cuentas de un rosario, o mala, son ciento ocho cuentas. En un rosario católico son cincuenta y cuatro, justo la mitad. Si nos metemos en Internet a buscar la magia del número 108, encontraremos otros muchos significados. Es una invitación a investigar más con respecto a este número.

Terminado el libro, contacté con mi padre en Irlanda y le pedí, por favor, que me enviase los dos libros restantes de la trilogía si los encontraba en la librería. Mi padre estaba muy extrañado y tenía cierta resistencia al principio. Me preguntaba si yo estaba bien, si me pasaba algo. Le aseguré que solo era una lectura que me apasionaba y que quería continuar con el tema. Así que me leí en tiempo récord la trilogía, no tenía costumbre de leer libros de forma tan seguida. Fui en busca de más títulos del autor y descubrí que había unos cuantos, entre los cuales estaban *Amistad con Dios* y *Comunión con Dios*, ambos muy recomendables. A partir de ahí seguí con ese tipo de lecturas.

Mi gran sorpresa vino en el año 2017, cuando había publicado mi libro *Despertad, humanos*. Un día, estaba saliendo de clase, de un curso zen en Madrid, y me llamó el organizador del evento Being One, que se celebraba ese fin de semana en la ciudad. De forma inesperada, sabiendo que me gustaba mucho ese autor, me invitó a compartir escenario con Neale Donald Walsch. Dije rápidamente que sí y salí corriendo para llegar a tiempo, ya que me había dado instrucciones de estar en el lugar del evento en apenas media hora o cuarenta minutos. Iba con la misma ropa que llevaba puesta desde que salí por la mañana, sin tiempo para pasar por casa. Tal cual, me presenté a verlo.

Llegué al recinto, me recibieron y a toda velocidad me guiaron hacia la entrada del escenario. Ahí me encontré cara a cara con Neale Donald Walsch. Me temblaban las rodillas. Sonreía sin parar, a pesar de mi cara de cansancio tras las horas de clase. No me importaba, saqué fuerzas del fondo de mi alma para poder continuar. Sin más preámbulo, salimos al escenario con preparación cero. Ese hombre no me conocía absolutamente de nada y ahí me encontré, sentada con él ante un público de miles de personas. La verdad es que tenía ganas de tener una conversación con él y contarle durante horas todas mis historias.

Salió un tema que me resonaba mucho. Cuando me llegó el turno de palabra le dije que lo que él comentaba me tocaba muy de cerca porque acababa de escribir un libro que se titulaba *Despertad, humanos*. Recuerdo su cara, y su mano golpeando el sofá, antes de decir: «No te lo vas a creer, justo acabo de publicar un libro que se llama

El despertar de la humanidad». Fue un momento de conexión increíble, un reconocimiento entre hermanos cósmicos. Él estaba en la misma sintonía que yo. Le expliqué cómo llegué a él y me atendía apoyando la cara en la mano, escuchándome como escucharía un niño a su abuela. Me miraba con una ternura increíble mientras yo le contaba cómo encontré sus libros y cómo me cambió la vida. Le agradecí desde el alma todo lo que me había aportado.

En ese momento mágico nos dimos cuenta de que prácticamente habíamos escrito el mismo libro al mismo tiempo, cada uno en un continente distinto del planeta. Nos dimos cuenta de que estábamos haciendo un trabajo muy similar y de que quizás nuestro encuentro era lo que yo necesitaba para sentirme cómoda con la información que estaba transmitiendo. Hasta entonces, había sentido mucha inseguridad y frustración, pues sabía que tenía que sacar esa información, pero desconocía el impacto que causaría sobre los lectores. De alguna manera necesité ese empujón para decirme a mí misma: «Venga, Suzanne, vas bien; es lo correcto y es lo que toca».

Qué mejor que encontrarme con mi ídolo para que pudiera decirme que estábamos haciendo el mismo trabajo. Fue un tierno guiño del Universo. En ese largo rato de conversaciones que compartimos con un público totalmente entregado a lo que hablamos de forma tan natural, espontánea y amena, yo me sentía como en el sofá de mi casa, hablando con un hombre que podía ser mi mismísimo padre. Cuando pasamos a estar entre bambalinas, había periodistas y todos querían fotos y entrevista con Neale Donald Walsch; otros me entrevistaban a mí.

Yo llevaba en mi bolso una copia de mi libro *Atrévete a ser tu maestro* en inglés (*Dare to be your master*), con una dedicatoria preparada ya para entregarle a él. Suerte que tenía algunos ejemplares del libro para vender en el curso y así pude llevarle uno de regalo con dedicatoria especial. No podía marcharme sin hacerlo. Cuando se lo entregué, nos dimos un gran abrazo y sentí que solo era un «hasta luego» y que volveríamos a encontrarnos aquí o en otro plano. Más tarde, regresé a mi casa agotada, feliz, y con el alma llena. Pensé: «Qué suerte la mía, qué honor, qué regalo, qué alegría. Pero ¿qué está pasando en mi vida para que semejantes cosas ocurran?».

Todo tiene su porqué. Somos cocreadores de nuestra experiencia y, si deseamos algo con ilusión y pasión, tarde o temprano se manifestará, siempre que soltemos las expectativas y practiquemos la paciencia. Soñar a lo grande, creer que es posible, alinearse, actuar y enfocarse en el resultado final en vez de en el cómo. El Universo tejerá el camino hacia el resultado final y, a lo largo del tiempo, andarás por ese mismo sendero sin darte cuenta ni siquiera de hacia dónde te está llevando. Tarde o temprano tropezarás con el tesoro que tanto anhelabas encontrar.

Gracias, Neale, por cruzarte en mi camino, gracias por el reencuentro de almas, gracias por inspirarme en mi día a día a ser una versión más elevada de quien soy, gracias por lo que representas y lo que eres. Simplemente, gracias. Un sueño hecho realidad. La lección: me atreví a soñar a lo grande. Me di permiso para crear esa realidad. Me alineé con la lectura de sus libros y la difusión de su obra. Deseé con toda el alma conocerlo y el Universo fue muy generoso conmigo. Confié. Todo es posible.

Si yo puedo, tú puedes. Solo hazlo.

ECOENCUENTROS MÁGICOS
(por Eva Garavilla)

Mi relación con Suzanne nació unida a mi proyecto Ecoencuentro. El Universo confabula y está claro que lo hace y lo hace bien.

Inauguré Ecoencuentro por primera vez en septiembre de 2019. Digo «primera vez» porque el 2020 ha traído consigo un sinfín de ocasiones en las que volver a empezar; la sensación es de inaugurar una y otra vez. Desde el principio hubo gente que me habló de Suzanne, vecinos de Majadahonda, nuevos clientes que por alguna razón me hablaban de ella, que miraban a su alrededor sin entender muy bien aún de qué iba el centro que yo acababa de abrir, pero me preguntaban si no había pasado por allí Suzanne. Yo, absorta en mi labor diaria de empuje y emprendimiento, no llegaba a captar lo que me decían. Debo confesar que no la conocía de nada, y si soy sincera, la imagen que me había hecho de ella estaba lejos de la realidad. Entre eso, y la tarea diaria, ni me paré a investigar: «si tiene que venir, las puertas están abiertas», pensaba.

Durante todo el proceso en el que fui creando Ecoencuentro, desde mi cuaderno de notas a la realidad que hay hoy, mi intención, mi propósito, fue el hacerlo desde el corazón, cuidando cada detalle para que nuestros futuros clientes encontraran un lugar diferente donde cuidarse, aprender y disfrutar. Un lugar donde poder conectar con uno mismo y conocer y descubrir un estilo de vida saludable. Fuera estrés, fuera apariencias y exigencias externas.

Un día, Beatriz de Yoga Space, la jefa de la zona de yoga, me dice con extraña seriedad que se ha puesto en contacto Suzanne con ella y que vendría a visitar el centro pues parecía que le podía interesar. Yo no llegué a entender bien a qué se refería, me habían dicho que era escritora pero Beatriz me hablaba de que quizás también necesitaba una sala de consulta. «Ok, bienvenida sea», pensé de nuevo. ¡¡¡No sabía lo que me esperaba!!! Menudo torbellino.

Finalmente, un día en diciembre de 2019, a la hora de comer, apareció por mi restaurante. Servimos un menú diario, por lo que había mucha gente haciendo cola con sus bandejas para que los atendiéramos (el restaurante es tipo autoservicio). Yo estaba detrás del mostrador, explicando una y otra vez los ingredientes del menú y quizá soltando con gracia alguna pincelada de lo que debe ser saludable a un público lleno de oficinistas acostumbrados a comer croquetas fritas y hamburguesas. En un momento dado, veo que le toca a una divertida mujer rubia, con cara de tener apetito y con una sonrisa que delataba que lo que veía podía ser de su gusto; sonrío y me sonrío por dentro. «Esta sabe –pienso–, genial, por fin alguien que sabe». Enseguida me di cuenta de que era exigente, eso sí: «¿Qué lleva esto, qué lleva eso?» y a veces el ceño fruncido, pero baileteo de querer probar. «Eso no, no, no, eso sí». Inmediatamente, me sentí sometida a examen. Y antes de terminar el recorrido me dijo: «Hola, yo soy Suzanne Powell». Y contesté: «¿Suzanne Powell? Haberlo dicho antes, ¿o es que me estabas poniendo a prueba?». ¡Lo estaba haciendo, sin duda! Ese mismo día pedí los libros de *Alimentación consciente* y *Menús conscientes*, para saber si había acertado. Mi oferta se ha ido refinando desde entonces.

Hoy en día sé y puedo decir que, efectivamente, Suzanne me estaba poniendo a examen, pero a un examen que iba más allá del de ver si mi oferta culinaria era de su gusto o no. Suzanne estaba buscando un lugar, un sitio donde sentirse en casa, un sitio donde compartir con su gente, donde pasar consulta. Y su mirada divertida y cariñosa me estaba mirando a mí, a mi yo, al del chakra cuatro como dice ella. Me di cuenta, tras hablar y agendar con ella, que entendió toda esa intención y propósito que puse al crear Ecoencuentro y le gustó.

Entendí que Suzanne pasaba poco tiempo en casa, pues hacía muchos viajes por sus cursos zen, además de conferencias y eventos por todo el mundo. Supuse que vendría a Ecoencuentro por periodos cortos, espacios entre viaje y viaje, y así comenzó 2020. Pero si el Universo me ha llevado con mi Ecoencuentro hasta prácticamente la puerta de su casa, no era solo para eso. El año 2020 ha hecho que Ecoencuentro se convierta en un lugar de encuentros mágicos, como dice Suzanne. Un lugar para la gente despierta y por despertar, para los alumnos zen que, aunque en menos cantidad, se siguen multiplicando. Un lugar de encuentros, que ya es mucho decir, si entendemos el contexto que estamos viviendo. Maravilloso. Suzanne puede continuar su maravillosa labor y yo confirmo que lo que era una intención es mi propósito.

Desde entonces Suzanne es parte de la familia Ecoencuentro y parte de mi familia personal, es generosa, divertida, eficiente, disciplinada, exigente, sabia. Me enseña a diario, aprendo a diario, con ella y con la gente que la viene a ver. Experiencias de vida maravillosas, gente excepcional, todos y cada uno. Aprender a diario es un privilegio y ella nos lo ofrece sin pedir nada a cambio. Todo mi equipo y yo misma somos alumnos zen, hemos ido aprendiendo con Suzanne a lo largo de estos meses, y ahora podemos ayudar a muchas personas con los resets y toques zen que programamos con frecuencia en Ecoencuentro. Otra vez, ¡maravilloso!

Solo puedo decir: «Gracias Suzanne, gracias en todos los casos». Y lo que nos depara el futuro es aún más grande… Mi Ser del chakra cuatro es quien me lo dice. Familia cósmica lo llama ella, ¡y así es!

UN ENCUENTRO INESPERADO
(por Marisel Aguirre)

Me gustaría compartir la forma tan mágica en que conocí a Suzanne Powell. Tiempo antes de que coincidiéramos por primera vez, una amiga me había mandado unos videos de ella que yo veía mientras planchaba, escuchándola con mucha atención. Siempre deseaba conocerla, pero para mí eso era como un sueño muy difícil porque apenas tenía tiempo libre, siempre estaba trabajando como limpiadora en bancos en Madrid. Además, sabía que ella vivía en Barcelona, pero yo estaba en Majadahonda; la distancia hacía que no viese la posibilidad de que nuestro encuentro ocurriese.

Confiando plenamente, y como siempre dice Suzanne, todo es posible, un día mis sueños se hicieron realidad. Esa mañana yo estaba limpiando en un banco en Aravaca. Escuché de repente una voz muy familiar para mí. Me di la vuelta y, para mi sorpresa, allí estaba Suzanne Powell. ¡No me lo podía creer! No sabía muy bien qué hacer, porque yo no podía ir e interrumpir a un agente del banco mientras estaba con un cliente. Por fortuna, en ese instante, la persona que la atendía se puso de pie y se fue, quedándose ella sola. Aproveché ese momento para acercarme y saludarla. Le pregunté si era Suzanne Powell. Se puso de pie y me contestó: «Sí, cariño, ¿me conoces de algo?», y me dio un abrazo y un beso. Yo le contesté que la seguía por YouTube y que me daba mucha alegría conocerla. Le expliqué que no entendía muy bien qué hacía allí si tenía entendido que vivía en Barcelona, y ella me contó que se había mudado hacía tres meses a Aravaca y que próximamente se iría a vivir a Majadahonda. «¡Qué casualidad —le dije—, yo vivo en ese pueblo». Al oírme, me dijo que iba a necesitar una persona que fuera a ayudarla en la casa a limpiar de vez en cuando. Yo me ofrecí inmediatamente; recuerdo que le dije que incluso gratis limpiaría, estaba que no me lo creía.

Suzanne me dio su dirección y teléfono, y al cabo de un tiempo ya me fui a su casa a trabajar. Iba en un principio dos horas, dos veces a la semana, aunque poco a poco ella ya me fue dando confianza para que la ayudara con más cosas. Fue una época en la que le salieron los viajes para hacer los cursos de fin de semana por España, y normalmente ella dejaba a su hija Joanna en casa de alguna de sus amigas, una diferente cada fin de semana. La niña apenas tenía diez años cuando yo la conocí, y a mí no me gustaba que estuviera de un lado para otro, pensé que estaría mejor en su propia casa, si alguien la cuidaba, así que me ofrecí a quedarme con ella esos fines de semana. Suzanne aceptó la propuesta, y a partir de ahí siempre cuidé de Joanna cuando ella estaba de viaje. De hecho, comenzó a viajar mucho fuera de España y yo pasaba una o dos semanas con Joanna en su casa, mientras Suzanne daba sus cursos por Latinoamérica. Y así fue, hasta que cumplió los dieciocho años.

Aún sigo yendo a su casa a ayudarla cada semana y lo más importante para mí es que conservo su bella amistad.

Le estoy muy agradecida a la vida, a Dios, y al Universo por habérmela puesto en mi camino. Cuando la conocí, yo estaba pasándolo muy mal, con una fuerte depresión, no quería vivir. Gracias a ella, a los resets que me hizo, a tomar el curso, y a todo lo que he aprendido compartiendo tiempo con ella (sobre la alimentación, por ejemplo) mi vida cambió y volví a ser feliz, a estar en paz.

Para mí fue algo maravilloso cómo nos unió el Universo. Algo increíble y le estoy muy agradecida por todas las oportunidades que he tenido con ella. La quiero mucho.

LA ENERGÍA DE MI HERMANA
(por Karen Byrne-Powell)

Cuando pienso en Suzanne, lo primero que siento es su energía, cómo todo cambia cuando ella entra en una habitación. Me cuesta mucho definir cuál es exactamente la sensación que me invade cuando ella está presente; quizás la palabra que mejor lo defina, la que acude con más fuerza a mi mente es «paz». Suzanne me regala paz, calma, esa sensación de que todo va a ir bien.

Recuerdo especialmente cuando nuestra madre sufrió un infarto y estaba ingresada en un hospital de Belfast, en estado muy grave. Suzanne voló desde España para acompañarme y ayudarnos en esos momentos. Íbamos cada día en coche desde nuestra casa en Newry al hospital donde convalecía mi madre, un trayecto de aproximadamente cuarenta y cinco minutos. Yo conducía y agradecía la compañía, pensaba que así se me harían más llevaderos la distancia y el tráfico. El primer día que Suzanne se sentó a mi lado en el coche, nada más arrancar, me pidió: «No hables, por favor, voy a meditar». Mi reacción fue medio de enfado, «pero qué demonios...», pues no comprendía ese silencio. Sin embargo, tardé poco en darme cuenta de por qué me lo había pedido, al ver cómo ella le hacía el toque zen a nuestra madre, le transmitía toda esa energía que la ayudaba a estar mejor y que finalmente consiguió que tuviera una recuperación casi milagrosa en un tiempo récord. Hasta los médicos estaban asombrados, no entendían cómo una mujer de la edad de nuestra madre podía salir de un infarto tan fuerte y de una operación a corazón abierto con un pronóstico nada optimista, tan rápido y en tan buena forma. Yo sí lo entendí, perfectamente: era la energía que le transmitía Suzanne, ese trabajo para el que necesitaba prepararse meditando en mi coche, aunque yo me aburriese durante el trayecto al hospital.

Que conste que yo nunca me he aburrido con mi hermana, me encanta su sentido del humor y su espíritu travieso, ha sido así desde pequeña, aventurera y decidida. De hecho, recuerdo perfectamente la primera vez que la oí pronunciar su famoso *just do it!*, cuando teníamos unos catorce o quince años. Era la noche de fin de año, nuestros padres habían celebrado una fiesta en casa con sus amigos y se habían ido tarde a la cama. Suzanne y yo habíamos estado viendo películas, entre ellas una de esas inspiracionales que nos había impactado positivamente. Ambas teníamos novios allí en el pueblo, y a Suzanne se le ocurrió de repente que podríamos llamarlos para vernos y dar un paseo. ¡A las cinco de la mañana! Yo tenía mis reticencias, no me atrevía a dar el paso, por las horas que eran, por si nos pillaban nuestros padres, y también porque vivíamos en plena zona de conflicto terrorista, no eran tiempos en los que se podía salir tranquilamente a la calle a cualquier hora, y menos de madrugada. Pero Suzanne estaba determinada a conseguir su objetivo, y mis dudas no iban a detenernos: *Just do it*, me dijo. Lo repitió un par de veces antes de convencerme, pero finalmente salimos a la calle tratando de no hacer ruido en las escaleras, abriendo la puerta con todo sigilo. Nos esperaban nuestros novios, los cogimos de la mano y nos fuimos de paseo, éramos muy inocentes todavía, solamente queríamos hacer algo atrevido, fuera de las normas y de lo permitido. O sea, pasear largo rato entre árboles, abrazados en plan romántico.

Estuvimos un buen rato paseando, cuando de repente oímos un ruido en la calle y vimos llegar un furgón de las fuerzas especiales del ejército. Se bajaron unos soldados y nos hicieron detenernos, para interrogarnos. ¡Menudo susto! Nos preguntaron nuestros nombres y direcciones; a Suzanne y a mí nos dejaron irnos, pues vivíamos en un buen barrio, tranquilo. Sin embargo, los chicos no tuvieron tanta suerte; venían de otra parte del pueblo, más conflictiva, así que los retuvieron. Nosotras nos volvimos corriendo a casa, como quien dice sin mirar atrás, y nos pasamos el día entero inquietas, pendientes del teléfono por si sonaba para ser las primeras en levantar el auricular, mirando a la puerta y creyendo que en cualquier momento la policía vendría a contárselo todo a nuestros padres. Toda una aventura por un *just do it*... pero así es mi hermana, para ella nada es imposible.

HACER EL BIEN PARA EL MUNDO
(por Colum Powell)

Mi padre, con sus casi ochenta y tres años que cumplirá el día 1 de abril de 2021, me ha regalado el siguiente texto para incluir en este libro. Al leerlo por primera vez me emocioné muchísimo. Al final siento que todo está perfecto y que cada uno tiene su tiempo. Llegó la comprensión, y con ella el respeto, la admiración, y una gran satisfacción por el resultado de la cosecha. Mi gran deseo de niña de ser aceptada por mis padres, siendo tan diferente a mis hermanos, se hizo realidad. Me siento libre y en paz. Amor incondicional.

Suzanne was plucked from her mother's womb. Not for her a normal birth on 25th July 1963. Caesarean section heralded an extraordinary genesis to a wonderful life. And so began the germ that was to culminate in an amazing lifetime to lending a helping hand to humanity.

Suzanne's ambition was to do some good in the world, and in this regard her healing work is immensurable and her practical work, expedited through the aegis of her Foundation, is incalculable. My wish is, Suzanne, that in spite of Covid-19 adversity, you can continue your good work. I am so proud of your achievements to date. Your work ethic is truly inspirational, and I thank you for your unconditional love, and I thank you for being my daughter. Long live your mantra:

«Si yo puedo, tú puedes. ¡Solo hazlo!»
Love, your father

Traducción

A Suzanne la tuvieron que sacar del vientre de su madre. El suyo no fue un parto natural, aquel 25 de julio de 1963, sino que nació por cesárea. Esta forma diferente de venir al mundo fue el presagio de una trayectoria vital asombrosa, pues ahí germinó la semilla que culminaría en una vida extraordinaria, simplemente prestando sus manos para ayudar a la humanidad.

La única ambición de mi hija ha sido siempre hacer el bien para este mundo y a este respecto el trabajo de sanación que lleva a cabo es inconmensurable. El beneficio de la práctica de la enseñanza zen, que realiza a través de la Fundación Zen Servicio con Amor, es realmente incalculable.

Suzanne, es mi deseo que, a pesar de todas las adversidades, en especial de la pandemia que nos rodea en estos tiempos, puedas continuar con tu excelente trabajo. Estoy orgullosísimo de todo lo que has logrado en estos años: tu ética de trabajo es una auténtica inspiración y te doy muchas gracias por tu amor incondicional.

Te doy las gracias por ser mi hija. Que tu mantra favorito perviva largos años:

Si yo puedo, tú puedes. ¡Solo hazlo!

Con cariño, tu padre.

UN TROCITO DE CIELO
(por Patricia Zapico)

Hace unos días me preguntaste si no me apetecería escribir un testimonio para tu nuevo libro. Tu propuesta me pilló por sorpresa. «¿Por dónde empezaría?», te respondí, abriendo los brazos como queriendo abarcar todo lo que me gustaría contar sobre tu influencia en mi vida. En una biblioteca entera de palabras no encontraría jamás las adecuadas para expresar lo que siento que ha significado conocerte. Porque se trata de eso, de *sentir* lo que esconde con cariño el corazón y que difícilmente se puede traducir con exactitud a palabras. Y a mí contigo me faltan las palabras, pero confío siempre en que allá donde no alcancen pueda llegar la invisible luz del alma.

Como no sé por dónde empezar, te voy a contar una historia que nunca te he contado, la de cómo te iba descubriendo en la distancia hasta que llegaron a cruzarse nuestros caminos definitivamente. No recuerdo con exactitud cuándo fue la primera vez que te vi en YouTube, sería hace unos diez años. Sí, guardo bien clara en la memoria la impresión que me causó escuchar a aquella mujer de innegable aspecto guiri e intachable acento español charlando sobre cosas que me apasionaban tanto: sobre el karma, seres cósmicos, el amor incondicional, energías... Eran temas que desde pequeña me fascinaban y que nunca había podido compartir con mi familia o amigos. Me enganché, como tantos miles de personas, a tus videos y tus libros. Durante años, seguí escuchando y leyendo también a otros supuestos maestros, incansable en esa búsqueda para recordar quiénes somos realmente, pero nadie me resonaba como tú. Te sentía increíblemente familiar, tenía la sensación de reconocerte como alguien muy cercano a mí y de que algún día nos encontraríamos y trabajaríamos juntas, como si mi alma tuviera la certeza de una misión conjunta por cumplir. Como si todo estuviera escrito en mi programa.

Así, llegó el verano de 2017 y recuerdo estar en mi casa de Cádiz a finales de agosto, comentándole a una amiga que había venido a pasar el día conmigo mis planes para ir a hacer el curso zen en Ibiza en un par de meses. «¿Qué es el curso zen? ¿Y quién es esa Suzanne Powell?», me preguntó. Increíblemente, mientras le explicaba y miraba mi correo, entró un mensaje tuyo en el que pedías ayuda con una traducción al español en subtítulos para tu video *Her story, her message* [Su historia, su mensaje]. «*Ostris*, qué casualidad –pensé–, precisamente, yo soy traductora y subtituladora; podría ofrecerme para ayudar». Sin pensarlo, en menos de un minuto, había contestado a ese mensaje y apenas habían pasado otros dos minutos cuando tú me escribiste de vuelta con detalles sobre lo que debía hacer. Aún recuerdo la cara de mi amiga, que me observaba teclear a toda velocidad y exclamar con emoción: «Vas a alucinar, resulta que justo la Suzanne Powell de la que te hablaba me acaba de escribir, y voy a ayudarla con una traducción de subtítulos». Creo que ella no comprendió mi entusiasmo, pero para mí era una alegría saber que con ese ínfimo granito de arena podía contribuir a extender tu mensaje, que tanto admiraba.

Echando la vista atrás, me doy cuenta de que aquella felicidad que yo sentí no era por ese video en particular que traduje. Eran campanitas en el alma, que repicaban con alegría, porque sabía que ya había dado el primer paso en la dirección que correspondía y que me acercaría a ti para colaborar más estrechamente, aunque pasarían varios años más antes de eso. Yo trabajo desde casa, y mi concepto de hogar es amplio: allá donde me apetezca pasar un tiempo, me llevo una pequeña maleta, mi portátil, mis ganas de descubrir nuevos paisajes y de aprender de la visión del mundo de gentes diferentes a mí. Así que llegó octubre y me instalé en Ibiza una temporada, aprovechando que finalmente iba a hacer el curso zen. Curiosamente, y a pesar de todas mis ganas de conocer la enseñanza, en el último momento me entraron las dudas porque, al llegar a la dirección donde había alquilado un apartamento para mi estancia, nadie me estaba esperando en el portal del edificio, llovía a mares, tenía mucho frío, se hacía de noche y no me contestaban al teléfono. «¿Y si me he precipitado? ¿Y si no era para mí esto del curso zen y esta es una señal?». La mente impertinente, colándose a crear problemas. Una hora más tarde, llegó un amigo de la dueña del piso, un ruso de dos metros de alto por dos de ancho que me dio cierto miedo, y más cuando empezó a guiarme por un pasillo interminable y poco iluminado para llevarme ante la puerta de mi alojamiento. Nos detuvimos, miré hacia arriba al número del apartamento, y me dio un vuelco el corazón: ¡222, de todos los números posibles! Suspiré y le lancé un guiño de vuelta al Universo, agradeciéndole la señal. Hasta el hombretón ruso de repente me pareció más pequeño y amable, me miraba con ternura y una gran sonrisa mientras me enseñaba cómo funcionaba todo.

Aquella semana de curso aprendí a utilizar herramientas que me han acompañado desde entonces, como la respiración consciente, la meditación y, por supuesto, el toque zen. Esto marcó, sin yo saberlo del todo, un antes y un después en mi vida. Dejé de buscar. Al compartir la enseñanza, me habías dado la respuesta a todas mis preguntas, la evidencia que borraba todas mis dudas. No me di cuenta de inmediato, fue un proceso gradual pero imparable en el cual poco a poco fueron cayendo otras soluciones a las que me había aferrado en el pasado (lecturas, terapias, maestros). Fue como quitarme un peso de encima. Todo eso quedó atrás al darme cuenta del inmenso regalo que los alumnos zen tenemos, literalmente, en nuestras manos: la capacidad de dar servicio con amor, de ayudarnos a nosotros mismos ayudando a los demás, sin expectativas. Mis pasos en ese camino fueron tímidos; usaba el toque zen cuando surgía la oportunidad, pero no eran muchas por el entorno que me rodeaba. Intuitivamente, algo en mi interior mantenía la convicción de querer hacer más, de que algún día, de algún modo, podría devolver ese regalo usándolo sin obstáculos. Mi mayor deseo en la vida era aprender lo que significaba el amor incondicional hacia los demás, pero no como una teoría, vivirlo plenamente. «Cuidado con lo que pides, que te va a llegar; lo que crees, creas», dirías tú. Y llegó.

Lo hizo cuando el personaje famoso al que observaba y admiraba de lejos se convirtió en la persona real a quien ahora miro con cercanía y respeto profundamente. Es curioso, a lo largo de nuestros tres años de contacto para colaborar con traducciones y videos de tu canal, jamás nos vimos. No me preguntes por qué, pero no quise conocerte en persona, y eso que tú, tan amable y cariñosa como eres con todo el mundo, me dijiste varias veces que podíamos quedar a comer si pasaba por Madrid. Pero nunca te llamé, ni tampoco me acerqué a aquel escenario de Ibiza para saludarte. Te veía siempre tan rodeada de gente deseosa de una sonrisa tuya, una foto, un abrazo, una firma de libro, unas palabras de consuelo... No quise molestar, no me atrevía a robarte tiempo y, además, pensaba «¿qué puedo aportarle yo a Suzanne Powell?». Supongo que mi alma sabía mejor que yo lo que pasaría más adelante, no tenía prisa. Finalmente, nos vimos en persona por primera vez a principios de diciembre de 2019, durante un curso en Madrid. Fue muy curioso, recuerdo que, al saludarnos, dijiste: «¡Cuánto tiempo sin vernos!», lo que me dejó un poco perpleja. «Y tanto —pensé, con una sonrisa divertida—, al menos varias vidas», pero no te comenté nada. Compartimos ese curso con más gente, y apenas tuvimos oportunidad de hablar a solas, aunque esta vez sí me quedé con las ganas de saber quién eras realmente, además de la maestra sabia de aquellos días. Poco después, yo me iba por trabajo a Atlanta unas semanas y hacía noche en Madrid, así que te propuse quedar y tú me invitaste a comer a casa. Esa tarde salimos a dar un larguísimo paseo por el mágico Monte del Pilar, caminando y jugando entre árboles, arropadas por un eco de risas divertidas y de conversaciones sin fin. Fue durante ese paseo cuando brilló la chispita que me permitió recordar y reconocer a un alma afín, esa gemela cósmica que, aquel día, se convirtió en un hada e hizo que yo me viera igual, reflejada en su espejo de niña traviesa.

Desde entonces, ¡no hemos dejado de hablar y de reírnos! Primero en las distancias grandes, tú en Chile, yo en Estados Unidos. Más tarde, encontrándonos en los cursos zen y acompañándonos a través del móvil durante el famoso confinamiento, esta vez tú en Madrid y yo en

Asturias. Siempre compartiendo y trabajando juntas; yo creciendo en conciencia gracias a tu vibración, que tan lejos llega. Hasta que un día el azar (o la vida, o el destino, ¡quién sabe!) me trajo a Majadahonda y me ofreció un regalo de incalculable valor: encontrarme con tu Ser, con esa Suzanne que no todo el mundo conoce. Con la amiga leal, que adora compartir las cosas sencillas y lo da todo sin esperar nada a cambio; con la madre que se esfuerza por ayudar a su hija a convertirse en adulta, acompañándola desde el amor incondicional; con la hermana e hija amorosa, siempre dispuesta a tender una mano, a pesar de las distancias; con la mujer valiente y fuerte en la misma medida que compasiva y bondadosa; con la jefa perfeccionista, que lidera con el mejor de los ejemplos, la humildad; con la niña inocente y risueña que juega, que baila, que nos transporta a la infancia... Me encontré con el regalo de conocer a ese Ser excepcional y único junto al cual mi Ser se siente perfecto tal como es ahora. Esa es la libertad y la inocente sencillez que me has regalado con solo estar presente, poder sentir que contigo lo que se expresa sin esfuerzo es mi mejor versión. Me siento inmensamente afortunada, y doy millones de gracias, cada día, al Universo por lo que aprendo y disfruto trabajando codo a codo contigo en los cursos, en las sesiones de resets en Ecoencuentro, en tus libros, meditando juntas, o simplemente escuchándote relatar anécdotas de tu vida, tan plena. Recuerdo que me hacía mucha gracia cuando, sin apenas conocernos, empezaste a llamarme tu *personal assistant* ('asistente personal'); ya ves, tu intuición siempre certera, mientras que mi inseguridad me decía que habría cientos mucho mejor preparados para cumplir con tal papel.

En el guion de esta original película llamada vida, me tocó a mí y lo acepté con enorme dicha, como la más bonita de las oportunidades. Descubrí el porqué de esa sensación, años atrás, de que algún día nos encontraríamos para que pudiera trabajar contigo en una misión que iba mucho más allá de lo personal y que tenía que ver con dar servicio con amor a la humanidad. Se hizo visible el hilo invisible que nos unía y que nos ha convertido en inseparables, en gotas casi idénticas del mismo océano. Así lo siento, hasta tal punto que nos reímos muchas veces del modo en que terminamos la una las frases de la otra, pensamos lo mismo en el mismo instante, sabemos qué queremos sin necesidad de decirlo, nos entendemos con una mirada, sincronizamos nuestros gestos y movimientos. Es como si bailásemos una danza en perfecta armonía, cuya música emana de tu maravillosa vibración. Te estoy profundamente agradecida por esa melodía, por ser testigo privilegiada de tu forma de pincelar lo bueno y lo no tan bueno de la vida con una hermosa paleta de colores que todo lo transforma, dándole una luz nueva, una luz intensa que solo a ti te pertenece y que, con generosidad, compartes con todos los que te conocen. Siento constantemente que tengo muy poco que ofrecerte a cambio; me veo pequeñita y me faltan las palabras, excepto una, siempre presente: GRACIAS. Gracias por tu preciosa amistad, por tu tiempo, por tu cariño, por tu comprensión, por tu humor inagotable. Gracias porque en ti y en la adorable Joanna he (re)encontrado mi familia. Gracias por transformar cada día con tu energía, por ser fuente de luz. Gracias por ser puro amor y regalarlo. Gracias por darme tanta paz.

Mi querida Suzanne, maestra, amiga del alma, hermanita inseparable, mi compi de mil batallas: eres una bendición caída del cielo, una guía en el camino, un sueño hecho realidad, la ilusión de saber para qué hemos venido a este mundo, y la prueba de que la magia es tan ilimitada como eterna es la vida. Hace unos días asistimos a un concierto de una buena amiga tuya, Helen de Quiroga, extraordinaria cantante y bellísima persona. Ella te dedicó una canción y unas cariñosas palabras, comparándote con «un trocito de cielo». Al escucharla, brotó de mi alma una sonrisa bañada en lágrimas felices, las que acompañan a la comprensión. Porque eso exactamente eres para mí: un trocito de cielo del azul de tus ojos pícaros, en los que se refleja el Universo entero. Un Universo infinito de amor incondicional.

Conclusión

En este regalo que llamamos VIDA, que nunca falte la palabra GRACIAS. Todo tiene vibración y el Universo solo se encarga de expandir lo que hablamos, pensamos y sentimos. Nuestra esencia de amor puro fluye hasta los confines del cosmos y de vuelta con un simple GRACIAS. Cuando expresamos gratitud, curiosamente, ponemos la mano en el centro de nuestro pecho, el chakra cuatro, la sede de nuestra alma, nuestro Ser. De esa manera hacemos una conexión de muy alta vibración con otro Ser. De hecho, todos estamos conectados siempre, pero quizás fuera de cobertura por falta de señal. ¿Ya has sacado el polvo acumulado de tu antena?

Lo mágico de todo es que no estamos solos en esta experiencia de vida y, cuando no vemos las cosas con nitidez, misteriosamente nos llegan los mensajeros para darnos un empujoncito o, a veces, una colleja (golpecito en la nuca). Todo es bienvenido, aunque no lo reconozcamos en el momento. Puede venir por medio de un niño pequeño, una canción, un extraño en el tren, un vagabundo, una mariposa, un sueño, y por inspiración divina. Sea como sea, las señales y los mensajes nos rodean en nuestro día a día y la clave es saber verlos e interpretarlos. Hay veces que son tan directos y claros que te dejan con la boca abierta, como la vez que una alumna del curso de Úbeda, a finales de febrero de 2020, justo antes de la pandemia, tímidamente me entregó un papelito doblado con un mensaje que había recibido para mí. Le di las gracias y lo guardé en un bolsillo interior de mi bolso, y ahí se quedó hasta que me acordé de él semanas más tarde, durante el confinamiento. Esta es la transcripción del texto:

Querida Suzanne:

Hace dos o tres meses recibí un mensaje para ti. Es por eso que estoy en este curso, y me he alegrado mucho porque me ha encantado y he descubierto una nueva herramienta para mi día a día.

Te cuento. Estando en el baño en un momento de tranquilidad, relajada, escuché una voz que me dijo que tenía que darle este mensaje a Suzanne Powell: «RECUERDA QUIÉN ERES Y DE DÓNDE VIENES».

Yo pensé que no te conocía ni sabía quién eras. Pensé en buscar en Facebook o Google. Para mi sorpresa al coger el móvil y escribir tu nombre, lo primero que vi fue el curso de Úbeda. Me apunté.

El día de la firma de libros, fui pero no me atreví a decirte nada porque al tenerte delante me di cuenta de que tu vibración es diferente a cuando estás en el escenario. Cuando hablas en los cursos es como si yo viera a otra persona, las risas, los gestos… veo o me recuerdas a otra persona.

Ese mismo día recibí otro mensaje para ti: «Cuando quieras descansar, QUÉDATE EN CASA; no pasa nada, puedes quedarte». Me hicieron, además, un gesto que significa que ellos buscarán la manera de hacernos llegar la enseñanza porque ese es nuestro camino, y de una forma u otra llegará.

Siento no habértelo dado antes. Ahora comprendo que los mensajes para nosotros pueden no tener sentido, pero para las personas receptoras, sí.

Gracias.

Justo al leerlo, sentí la colleja. RECUERDA QUIÉN ERES Y DE DÓNDE VIENES. Los de arriba, mi familia cósmica, me estaban animando. No estaba sola. Recordé en ese instante mi compromiso con la humanidad. La frase de QUÉDATE EN CASA ya se había convertido en el lema de la cuarentena por la que estábamos pasando y al leerlo me causó un impacto tan grande que llamé al instante a Patricia, que estaba en Asturias, para contárselo. ¡Fue un momento *GUAU*!

A partir de ahí, llegó otra gran sorpresa. Un nuevo amigo, la urraca. Ahora estoy totalmente convencida de que Pepper fue un mensajero, un regalo divino, mi inspiración. «Confía, Suzanne, todo es posible». Curiosamente, el texto a continuación es justo lo que escribí a pie de uno de los videos que subí a Instagram y Facebook el 14 de abril de 2020.

Justo hoy, limpiando los maceteros de mi ventana a donde viene mi amiga la urraca de visita, recién bautizada Pepper, encontré un sobrecito de pimienta negra de New York. Nunca lo había tenido en mi posesión, y estaba alojado en un hueco roto del macetero. ¡Estoy alucinando en colores! El Universo estará de Club de la Comedia viendo mi reacción. Nunca termino de sorprenderme con su magia. Desde luego, el guionista tiene un humor muy fino. Qué ingenio. ¡Lo apunto para un libro de magia y anécdotas! Que nunca, nunca, nunca falte el humor.

Las circunstancias se prestan a todo. Pon la atención sobre lo que quieres ver. Ya le diré a Pepper cuando venga de visita que he recibido la señal. Recordad el poder de la manifestación que conté en mi charla y también en el libro El reset colectivo. *Conté lo de mi bocadillo de huevo duro con sal y pimienta negra en Vietnam. ¡Un milagro de los grandes! Ese mismo poder lo tenemos todos.*

A ganar créditos con actos de amor, a recrear en tu mente y sentir en el fondo del alma lo que quieres y finalmente a confiar en el resultado. Just do it... *para todo. Para todos. La conciencia colectiva tiene la mayor fuerza de manifestación. Si yo puedo, tú puedes. ¡JUNTOS PODEMOS!*

Qué ganas de ver a Pepper hoy y darle las gracias.

Gracias a Pepper, y gracias a la vida.

Agradecimientos

A mi gran amiga y compañera de batallas, Patricia Zapico, por ayudarme en la elaboración de los textos, transcribiendo mis dictados espontáneos y también de algunos cursos al formato del libro.

Ha sido un grandísimo trabajo en equipo junto con los amigos y familiares, terrenales y cósmicos, que han aceptado colaborar con sus testimonios y experiencias.

Infinita gratitud a todos desde lo más profundo de mi alma.

¿Dónde encontrarme?

Puedes encontrarme en:

- Twitter: https://twitter.com/suzannepowell22
- Instagram: @suzannepowell222
- Facebook: http://www.facebook.com/pages/Suzanne-Powell/197392636971654

Visita también suzannepowell.blogspot.com, donde publico todas las actividades que llevo a cabo y todas las charlas que imparto. Todo es gratuito, incluidas las consultas que atiendo personalmente.

Puedes escribirme a suzanne@lafundacionzen.org.

Si quieres recibir información de los próximos cursos zen y otras actividades programadas, date de alta enviando un mensaje a correo.zen-subscribe@lafundacionzen.org.

Si en tu país no se imparten cursos zen y quieres que los haya, escribe a info@lafundacionzen.org.